DU MÊME AUTEUR

Le père Gédéon, son histoire et ses histoires,
Les Quinze éditeur, 1980

Viens faire l'humour,
Éditions Quebecor, 1982

VÉRITÉS ET SOURIRES
DE
LA POLITIQUE

Données de catalogage avant publication (Canada)

Lussier, Doris, 1918-

Vérités et sourires de la politique

Comprend un index.

ISBN 2-7604-0338-6

1. Politique - Citations, maximes, etc. 2. Science
politique - Citations, maximes, etc. 3. Hommes
politiques - Citations. I. Titre.

PN6089.P6L87 1988   320   C88-096516-9

Illustration de la page couverture : Stefan Anastasiu
Photo sur la page couverture : Gaétan Côté (gouvernement
du Québec)

© Les éditions internationales Alain Stanké, 1988

ISBN 2-7604-0338-6

Dépôt légal : quatrième trimestre 1988

Imprimé au Canada

VÉRITÉS ET SOURIRES DE LA POLITIQUE

DORIS LUSSIER

Préface de Jean-Paul Desbiens

Je dédie ce livre

à ceux qui aiment la politique,
à ceux que la politique n'aime pas,
à ceux qui la détestent,
à ceux qui s'en foutent éperdument,
à ceux qu'elle fait rire — quelquefois, jaune,
à ceux qui en sont les victimes,
à ceux qui en sont les bourreaux,
à tous les citoyens d'un monde qui a perdu la
boule et qui la cherche partout, nulle part et même ailleurs.

PRÉFACE

Voici un recueil d'aphorismes, d'apophtegmes, de proverbes et autres sentences ou historiettes.

Ce genre de compilations se retrouve dans toutes les cultures. Pensez à Marc Aurèle, à Sénèque, à Confucius. La *Bible* elle-même renferme son *Livre des Proverbes*. En français, qu'il suffise de mentionner La Rochefoucauld, Vauvenargues, Joubert, Chamfort, Rivarol, Cioran, Valéry, Thibon, Lanza del Vasto. Au Québec, on peut citer les noms de Pierre Baillargeon, d'Albert Brie. Et encore, beaucoup de *Pensées* de Pascal sont des aphorismes. Le genre possède donc ses lettres de noblesse. Notons toutefois que les *Maximes et Pensées* de Chamfort, par exemple, sont toutes de lui-même, ou rapportées sous son autorité propre.

Il en va autrement du présent recueil. Doris Lussier, même s'il a consigné quelques-unes de ses propres sentences ou plaisanteries, se promène d'Hérodote à Claude Ryan en passant par Sénèque, Montaigne, Descartes, De Gaulle, Unamuno. On n'a rien à redire sur ce vol de bourdon : il choisit ses trèfles et ses tournesols comme il sent.

Je confesse que j'aime assez ce genre d'ouvrages. À 14 ans, je lisais et relisais la section « Morale et sagesse pratique » du dictionnaire *Élie Blanc*, à l'usage des écoles, édition de 1923. On y trouvait quelque 800 proverbes du fonds français.

En 1963, Larousse a sorti son *Petit philosophe de poche*, qui est un recueil de citations d'auteurs regroupées par thèmes. Plus récemment, la même maison a publié un recueil de *Proverbes, sentences et maximes*, ouvrage couronné par l'Académie française, s'il vous plaît.

Je pourrais allonger la liste de ces rappels, mais je ne veux pas paraître plus grave que l'auteur. Les gens graves ne sont pas sérieux. Mais faut-il être sérieux ? Si on l'est, on risque de passer pour triste ou pédant, ce qui serait ennuyeux. Mais quel est le contraire de sérieux ? À ma grande surprise, le *Robert* alligne 71 antonymes du mot sérieux. Cela va de *badin* à *frivole* en passant par *graveleux* et *grivois*. Bon nombre de ces antonymes s'appliquent au père Gédéon, comme on peut voir, 16 mots plus haut.

L'ouvrage de Doris Lussier est divisé en deux parties inégales. La première est intitulée « Vérités » ; la seconde, « Sourires ». Chaque partie est suivie d'une section intitulée « Vérités en vrac » ou « Sourires en vrac ». Dans les deux cas, il s'agit de citations ou d'historiettes anonymes. Il y a un peu de remplissage là-dedans. Les titres en sont l'aveu.

Dans l'avant-propos, l'auteur formule sa conception de la politique en quelques pages. Sa position est classique, équilibrée, manifestement nourrie de la pensée des Anciens. On y retrouve l'homme formé à l'école du père Georges-Henri Lévesque.

L'auteur entend illustrer une forme d'« humanisme politique » en embrochant pêle-mêle ce qu'il appelle « les vérités et les sourires de la politique ». Cela ne constitue pas un traité pour la raison, notamment, que les proverbes ont le don de se renvoyer souvent dos à dos. Ainsi, « pierre qui roule n'amasse pas mousse » est équilibré par « l'abeille, pour butiner, ne reste pas dans la ruche ».

On pense bien que Doris Lussier a fait une bonne place aux auteurs contemporains et indigènes qui sont en faveur de l'option indépendantiste. Il convoque Aristote en personne à ce sujet : « Les peuples qui habitent les régions froides sont faits pour l'indépendance. » Vive le Québec glacé !

*
**

Quand les communards arrêtèrent l'archevêque de Paris, Mgr Georges Darboy, il leur demanda : « Pourquoi m'arrêtez-vous ? Je ne fais pas de politique. » On lui répondit : « Justement, c'est pour ça qu'on vous arrête. » Le 24 mai 1871, il était fusillé comme otage.

On n'échappe pas à la politique, pas plus qu'on n'échappe à la religion, au sexe ou à la médecine. Voilà bien pourquoi ces sujets ou ceux qui les incarnent ont été, de tous temps, brocardés ou glorifiés.

Tel qu'il se présente, ce recueil reflète bien ce que l'on peut connaître de l'auteur. D'une part, l'ancien professeur d'université, homme d'étude et de lecture, capable d'interventions sérieuses. D'autre part, le père Gédéon, bouffonnant et sommaire, caricature de paysan beauceron.

Un ami à moi, Guy Brouillet, a coutume de dire que l'adjectif dévore souvent le substantif. C'est ainsi, par exemple, que dans l'expression « société pluraliste », on retient pluraliste et on oublie société. Dans le cas de l'auteur, on peut penser que Gédéon a dévoré Doris. Je ne démêle pas si l'on doit déplorer la chose ou s'en réjouir. Je ne sais plus qui a dit qu'« il n'est pas si sage qu'il croit, celui qui n'est pas un peu fou ». Bernanos, en tout cas, et ce n'est sans doute pas pour rien que Doris Lussier le cite, écrivait : « L'intellectuel est si souvent un imbécile que nous devrions toujours le tenir pour tel, jusqu'à ce qu'il nous ait prouvé le contraire. »

Je ne m'en vais pas distiller un recueil à même ce recueil. Je signale cependant quelques maximes qui me plaisent davantage.

« Il n'y a qu'un pouvoir, qui est militaire. Les autres pouvoirs font rire, et laissent rire. »

Alain

« La démocratie, plus que toute autre religion, exige l'exercice de l'autorité. »

Saint-John Perse

« La politique, c'est l'art de consulter les gens sur ce à quoi ils n'entendent rien, et de les empêcher de s'occuper de ce qui les regarde. »

Valéry

12

> « Le mensonge et la crédulité s'accouplent et engendrent l'opinion. »
>
> Valéry

Et puis, quant à faire, terminons par une citation cette préface d'un recueil de citations :

> « Le premier devoir d'un écrivain est d'écrire ce qu'il pense, coûte que coûte. Ceux qui préfèrent mentir n'ont qu'à choisir un autre métier — celui de politicien, par exemple. »
>
> Georges Bernanos

Jean-Paul Desbiens

AVANT-PROPOS

Il m'est arrivé dans ma vie un bonheur imprévu : ma carrière politique s'est terminée par son commencement. Napoléon a eu son Waterloo, moi, j'ai eu mon Matapédia !

Le peuple souverain m'ayant poliment renvoyé à mes chères études, j'en ai profité pour parfaire ma formation en me jetant à âme perdue dans mon vice préféré — et le seul impuni, paraît-il —, la lecture. La politique, maîtresse ingrate, a eu beau m'interdire son « salon de la race », moi, cocu magnifique, je continuais à l'aimer. Au point de vouloir tout savoir sur elle qui ne voulait rien savoir de moi. Alors j'ai cherché, j'ai fouiné partout dans son passé, et j'y ai trouvé des perles. Ayant une conscience délicate, je m'estimerais coupable d'avarice intellectuelle si je ne les livrais pas à mes disciples pour qu'à défaut de mon exemple ils puissent au moins profiter de mon plaisir. Car c'en fut un grand de cueillir dans le champ de l'Histoire, des fleurs et des épis, des parfums et des froments : ce sont les pensées des hommes que la politique a occupés, préoccupés, fait réfléchir ou simplement rigoler.

Ma nature perverse — à moins que ce ne soit une déformation professionnelle — m'a toujours porté à prendre sérieusement les choses légères et légèrement les choses sérieuses. Pour moi, l'humour est, après l'amour et la connaissance, la plus grande valeur humaine. Il est non seulement le couronnement de la culture mais aussi un des noms de la sagesse. Une sagesse qui est un humanisme... politique.

Voilà la raison de ce livre où cohabitent comme en moi le drôle et le vrai.

D.L.

LA POLITIQUE

Tout débouche sur le politique.

Je vais énoncer une énormité : la première valeur terrestre, c'est le bonheur des hommes. Mais parce que les hommes ne peuvent être heureux seuls, les plus hautes valeurs politiques sont celles qui contribuent le mieux à leur bien commun. C'est-à-dire à les nourrir d'abord, à les éduquer ensuite et enfin à les unir dans un sentiment de solidarité humaine où toutes les cultures nationales trouvent l'achèvement de leur beauté dans la symphonie universelle de la fraternité inspirée par l'amour, organisée par la prudence, réglée par la justice et vécue dans la paix. La raison d'être de la politique, c'est cela.

Qu'on en pense du mal ou du bien, la politique est là. Elle est là depuis toujours et pour toujours. Et c'est bien ainsi. Science de l'idéal et art du possible, la politique est en soi une valeur première. Les hommes, êtres imparfaits, l'ont souvent salie en en faisant l'instrument de leurs vices ou de leurs intérêts, mais cela ne lui enlève pas sa noblesse originelle. Car la politique reste l'effort de l'intelligence et de la volonté humaines pour faire vivre les hommes ensemble malgré leur nature et avec elle. Ce qui est aussi beau que malaisé. Car « quoi qu'en disent Aristote et sa docte cabale », l'homme est un animal qui n'est pas si raisonnable que ça. En tout cas, il est plus souvent animal que raisonnable. La preuve : ses violences bêtes dont l'Histoire est l'histoire.

Or justement, pour que la société humaine soit autre chose qu'une foire d'empoigne où des larrons impunis traficotent, prévariquent et concussionnent pour finir régulièrement dans l'entre-tuerie universelle, il faut un pouvoir politique qui organise la paix. La paix qui est la tranquillité de l'ordre. L'ordre qui est l'organisation fonctionnelle de la liberté, de la justice et de la fraternité.

Grands mots ? Non, grandes choses. Brocardons à l'envi les creux rhéteurs qui se gargarisent des mots et les ministres impuissants qui « s'enfargent » dans les choses ; dénonçons leurs contrefaçons et leurs avortements ; mais gardons toujours l'idée de la paix dans la tête et son idéal dans le cœur. Car c'est faute d'y penser constamment que les hommes se font tant de mal. Si tout se passe comme s'ils n'étaient pas encore sortis de leur animalité primitive, c'est parce que, au lieu de « tenter de donner conscience aux hommes de la grandeur qu'ils ignorent en eux », comme dit Malraux, on les a entraînés à s'entre-tuer à propos de tout et de rien. La politique est une noblesse et une responsabilité.

L'équation du pouvoir

Savoir + vouloir = pouvoir. Le pouvoir est une équation ; gouverner, c'est en résoudre les inconnues. C'est-à-dire prévoir et faire à temps les choses nécessaires pour éviter qu'elles ne se fassent à contretemps. La sagesse, en politique, c'est de faire les révolutions avant qu'elles n'éclatent. C'est faire en sorte que chaque société accouche sans douleur de son héritière. Pour cela, cultiver la liberté et chercher à harnacher la justice. Les grands politiques sont les ingénieurs de l'Histoire. Ceux qui savent édifier les régimes à l'intérieur desquels les citoyens ont le sentiment d'*être* pleinement et d'*avoir* assez. Ceux qui savent inventer, greffer sur l'arbre de la tradition les branches nouvelles du progrès. Ceux qui savent garder la société clairvoyante et libre, respectueuse de ce qui a été et impatiente de ce qui sera. Ceux qui savent oser. En politique, le contraire du courage, ce n'est pas la peur, c'est le conformisme.

Le politique, à l'encontre du politicien, c'est celui qui a le sens du pouvoir efficace. C'est-à-dire de l'autorité, qui est une fonction et de la prudence qui est une vertu. Le politique, c'est « le prudent, » au sens où les Romains l'entendaient. Celui qui a l'intelligence d'inspirer assez de confiance aux citoyens pour que son pouvoir ne devienne pas une tyrannie — car tout pouvoir porte en lui la tentation d'en abuser. Celui qui sait que la conscience du gouvernant est toujours menacée d'être pervertie par les conseils de l'ambition, les mirages de la vanité, l'habitude du mensonge et le vertige de la puissance. Celui qui a compris que la meilleure façon d'être un vrai maître, c'est d'être un bon serviteur, car l'homme politique le plus important dans un État, c'est le citoyen. Un citoyen dont il est sage de stimuler la participation maximale aux œuvres de la république. On sait que les gouvernements malhonnêtes sont le résultat des citoyens paresseux. Le politique, c'est aussi celui qui ne cesse de cultiver dans l'âme du peuple les idéaux nobles, conscient qu'en politique, il faut viser les sommets si on ne veut pas penser bas.

Le politique n'est pas un « chevaucheur » de chimères. C'est un idéaliste pragmatique. C'est-à-dire un homme qui a des idées mais qui au lieu de les laisser se dégrader en idéologie s'applique à les incarner dans le réel concret. Le politique est à la fois maître à penser et maître à agir. Il allie le regard froid de la lucidité à la ferveur stimulante de l'enthousiasme contrôlé. Pratique, il est conscient que la persistance à ne pas vouloir ajuster la stratégie et la tactique politiques aux mouvances de la réalité populaire et de la conjoncture générale est la voie royale vers l'échec permanent.

Enfin le politique, c'est celui qui sait tenir le juste milieu entre le confort pessimiste des conservateurs qui s'inquiètent toujours de se découvrir assis sur un volcan et l'optimisme apocalyptique des révolutionnaires qui attendent le grand soir de son éruption, pour qui « détruire, c'est créer » (Bakounine), qui croient que la marche vers le progrès doit faire un détour par le chaos, bref, que pour trouver l'être il faut passer par le néant.

18

Gouverner, c'est ordonner. Dans les deux sens du mot : mettre de l'ordre et donner des ordres. C'est aussi coordonner. C'est-à-dire établir un ordre dynamique et fonctionnel entre les éléments différents mais complémentaires de la société. Gouverner, c'est distinguer pour unir. Gouverner, c'est réconcilier.

Le crépuscule des idéologies

Un ami m'a dit un jour : « Quand j'étais célibataire, j'avais deux théories sur l'éducation des enfants ; aujourd'hui j'ai deux enfants... et plus de théorie du tout ! »

En politique, c'est pareil. Quand on est sincère, on y entre avec l'idée bien arrêtée d'y faire triompher sa conception de la société ; et puis, rendu au pouvoir, on s'aperçoit que la nature des choses qu'on voulait changer au plus vite résiste à la volonté la plus ferme des transformations rapides. C'est le frustrant mystère de l'incarnation des idées dans la chair vivante du réel. C'est une donnée permanente de la politique. Et tous les gouvernements, qu'ils soient révolutionnaires ou conservateurs, sont obligés de composer avec elle. C'est ainsi qu'on a souvent vu dans l'Histoire des systèmes idéologiques, pourtant bien construits en chambre, se briser avec éclat sur le roc de la réalité.

Je m'en voudrais de jeter l'eau froide de l'éteignoir sur le feu sacré des nobles générosités qui animent les idéologues à la recherche des meilleures recettes de bonheur humain. C'est à eux que l'humanité doit certains de ses plus beaux projets de société. Et il serait aussi odieux que stupide de vouloir dévaluer les idées — qui mènent le monde — en dépréciant les intellectuels qui sont le sel de la terre et le ferment sans lequel la pâte humaine ne lèverait pas bien haut. C'est le beau métier des philosophes que de chercher la vérité — spéculative et pratique — des choses de la vie, et c'est souvent dans leurs études qu'on découvre les éléments les plus précieux de solution des problèmes que pose aux hommes leur vie en société.

À ce sujet, je veux seulement faire remarquer deux choses. La première, c'est que les idéologies ne sont pas des dogmes et qu'elles n'ont de valeur que celle que démontre l'expérience de leur application dans la réalité. La deuxième, c'est que les idéaux qu'elles proposent risquent de n'être que d'admirables illusions s'il ne se trouve des gestionnaires capables de les faire passer dans les faits. Alors que les idéologues nagent dans l'idéal, les politiques, eux, piochent dans le possible. C'est plus ingrat. C'est ce qui faisait dire au président Kennedy que pour être un bon politique, il faut savoir garder son idéal tout en perdant ses illusions.

Les débats idéologiques sont le luxe des périodes de prospérité. Mais quand les hommes sont pris à la gorge par l'urgence du pain quotidien, il faut leur pardonner d'en faire leur première préoccupation. *Primum vivere, deinde philosophari,* disaient les Anciens : « Commençons par gagner notre vie... ensuite on placotera ! » Des idées, il en faut ; des idéaux, c'est nécessaire ; mais les idéologies, ça peut être dangereux. Parce que les idéologies ont une tendance congénitale à devenir des idées fixes, pour ensuite dégénérer en dogmes et finir en religions politiques. Alors elles relèvent de l'incantation magique plutôt que du projet réaliste. Pensons à ces grandes idéologies qui ont porté toute l'espérance des hommes au siècle dernier, et qui se sont finalement retournées contre eux par la plus tragique et monstrueuse méprise de tous les temps. Qui eût cru, par exemple, que la plus généreuse de toutes les philosophies politiques, celle qui proposait « de chacun ses capacités et à chacun selon ses besoins », aboutirait au goulag ? Et que le communisme, si habile à détruire les cités, se serait révélé incapable d'en construire qui soient vivables par des hommes épris de liberté et de justice ?

C'est pourquoi les sociétés évoluées ont aujourd'hui tendance à se méfier des idéologies. C'est ce qui explique

que pour les citoyens de l'ère technologique, la gauche et la droite apparaissent comme des concepts réducteurs, simplistes et dépassés qui trahissent le réel plutôt qu'ils ne le traduisent. Les gouvernements de l'Occident qu'ils soient de gauche ou de droite, une fois au pouvoir, sont obligés de composer avec une réalité politique si complexe qu'ils sont forcés de gouverner au centre. Pourquoi ? Parce que dans la pratique, on ne gouverne pas en fonction d'une idéologie mais en fonction des BESOINS d'une population. C'est pourquoi la plus grande vertu d'un gouvernement, ce n'est pas d'être de gauche ou de droite, capitaliste, social-démocrate ou communiste, c'est de réaliser le bien commun de la société politique telle qu'elle est, avec les moyens disponibles et compte tenu de la conjoncture mondiale dans laquelle s'inscrit toujours fatalement l'action d'un État. Le meilleur gouvernement, c'est celui qui est le plus FONC-TIONNEL. Le fameux « art du possible » par lequel on définit souvent la politique, c'est le FONCTIONNALISME qui l'intègre le mieux. Le fonctionnalisme, c'est le triomphe du pragmatisme sur l'idéalisme ; du concret sur l'abstrait ; de la vie sur les concepts.

C'est tellement vrai qu'on a vu récemment des gouvernements dits « de gauche » obligés de pratiquer une politique « de droite » parce que la conjoncture intérieure et internationale les y forçait. Et vice-versa. Quand la réalité vivante — et toujours changeante — commande l'usage de tel moyen pour la solution d'un problème, le gouvernement ne se demande pas si ce moyen est de droite ou de gauche ; il se demande s'il est juste et efficace, dussent les grands prêtres de l'église politique dont il sort déchirer leurs vêtements devant le temple... Parce que les impératifs de la vie passent avant la fidélité aux idéologies. Parce que la prudence, vertu des moyens, est la première qualité du gouvernant : c'est elle qui lui permet de bien lire la réalité, de saisir toutes les données des problèmes et d'appliquer avec justesse et justice les mesures exigées par les circonstances.

Au fond, en politique, la seule idéologie qui tienne, c'est de n'en pas avoir... Une bonne connaissance de la réalité, plus un idéal de justice servi par une prudence éclairée, c'est l'essentiel de ce qu'il faut à un gouvernement pour réaliser ce qu'il peut de bien commun. C'est déjà beaucoup.

Le peuple se fout de la droite et de la gauche. Ce qu'il veut, c'est qu'on lui assure la liberté et la prospérité. D'où qu'elles viennent. Et il sait qu'elles ne viennent pas des mots.

« Des mots ! des mots ! des mots ! »
Hamlet

Mais la pensée, elle, doit beaucoup aux mots. C'est par eux qu'elle s'exprime, ce sont eux qui la nuancent, lui donnent sa couleur, sa saveur, sa forme. Et curieusement, moins on emploie de mots pour dire une pensée, meilleures sont ses chances d'être retenue. Jules Renard disait : « Dès qu'une vérité dépasse cinq lignes, c'est du roman. » C'est pourquoi les citations brèves et substantielles sont accrochantes et servent d'appui logistique aux opérations de l'esprit quand il entreprend de démontrer et d'expliquer.

Il y a des gens que le genre « recueil de citations » impatiente. Certains détracteurs prétendent que les citations, c'est l'esprit de ceux qui n'en ont pas. À l'adresse de ces drôles, l'érudit bibliothécaire de Richelieu et de Mazarin répondait : « Il n'appartient qu'à ceux qui n'espèrent jamais être cités de ne citer personne. »

Pour obtenir un grain de blé, il faut souffrir beaucoup de paille. Eh bien ! justement, c'est pour éviter la paille et nous permettre de goûter le froment que les recueils de citations sont faits. Par exemple, c'est un bonheur de pouvoir connaître le fameux « Prolétaires de tous les pays, unissez-vous » de pépère Marx sans avoir eu à se taper la corvée de lire toute son œuvre.

Et puis quelle joie d'avoir à sa portée la crème de la pensée humaine ! Je ne vais surtout pas bouder le plaisir que j'ai eu à extraire de mes plus passionnantes lectures les pensées qui me paraissaient les plus valables. Et je multiplie mon plaisir en vous le faisant partager. Sans plus de remords ni vergogne que n'en avouait Montaigne : « Car je fais dire aux autres ce que je ne puis si bien dire tantôt par faiblesse de mon langage, tantôt par faiblesse de mon sens. Je ne compte pas mes emprunts, je les pèse. Et si je les eusse voulu faire valoir par nombre, je m'en fusse chargé deux fois plus. » (*Des livres,* II, 10.) Opinion qui recoupe admirablement celle du philosophe Alain : « Aucun homme ne pense jamais que sur les pensées d'un autre. » (*Libre propos,* 1930.)

Alors vous pensez bien que c'est la conscience légère que je vous offre le fruit de ma petite cueillette. Je me suis dit : on ne sait jamais, ce qui m'a séduit, moi, peut en intéresser d'autres. Peut-être même leur être utile. Devant l'idée de le publier je me suis longtemps demandé : pourquoi ? Et je me suis répondu : pourquoi pas ? Alors voilà.

Je vous présente ces pensées comme je les ai ramassées. Je trouve que ça gagne en imprévu. Et quelquefois en charmantes surprises. C'est ainsi que vous pourrez voir la pensée de Maurice Bellemare briller dans la lumière de celle d'Aristote et côtoyer celle de Machiavel sans avoir le moindre rapport avec la métaphysique du premier ni le cynisme du second. C'est pas réjouissant, ça ? La démocratie intellectuelle, c'est ça : les grands avec les petits et toute la famille sous le même toit !

Étant un homme sérieux qui aime rire, j'ai divisé cet ouvrage en deux parties : VÉRITÉS et SOURIRES... Hypocrite lecteur, mon semblable, mon frère, choisis ce que tu veux.

VÉRITÉS

Je fais, en traversant les groupes et les ronds
Sonner les vérités comme des éperons.

Cyrano de Bergerac

Lord ACTON

Le pouvoir a tendance à corrompre, et le pouvoir absolu corrompt de façon absolue.

• • •

Les grands hommes sont presque toujours des hommes mauvais.

Marcel ADAM

... chaque citoyen francophone porte en lui un séparatiste qui sommeille, mais d'un sommeil de plus en plus léger.

Samuel ADAMS

Il n'y a jamais eu de démocratie qui ne se soit suicidée.

Konrad ADENAUER

Nous vivons sous le même ciel mais nous n'avons pas tous les mêmes horizons.

Henri-François d'AGUESSAU

Le peuple, quand il est maître, a ses flatteurs comme les rois.

ALAIN

Le pouvoir sans contrôle rend fou.

• • •

Résistance et obéissance, voilà les deux vertus du citoyen. Par l'obéissance il assure l'ordre ; par la résistance il assure la liberté.

• • •

Rien n'est plus dangereux qu'une idée, quand on n'a qu'une idée.

• • •

... le pouvoir change profondément celui qui l'exerce.

• • •

La meilleure manière de rendre les hommes raisonnables, c'est de faire comme s'ils l'étaient.

• • •

Quelle chose merveilleuse serait la société des hommes, si chacun mettait de son bois au feu au lieu de pleurnicher sur des cendres !

• • •

Il n'y a qu'un pouvoir, qui est militaire. Les autres pouvoirs font rire, et laissent rire.

• • •

Tout pouvoir est triste. En cette place on n'est pas aimé ; on ne peut l'être.

• • •

Si les révolutionnaires pouvaient demeurer gais d'esprit sans cesser d'être fermes d'action, nous aurions déjà vu des merveilles.

ALEXANDRE le Grand

Un âne chargé d'or ouvre les portes de bien des cités.

Vittorio ALFIERI

Homme, es-tu grand ou vil ? Meurs, et tu le sauras !

• • •

De la peur de tous naît, sous la tyrannie, la lâcheté de presque tous.

• • •

Les conjurations, même lorsqu'elles réussissent, ont le plus souvent des conséquences néfastes, parce qu'elles se nouent presque toujours contre le tyran, non contre la tyrannie.

Henri Frédéric AMIEL

Il faut savoir trancher, car on ne peut tout dénouer.

François ANDRIEUX

On ne s'appuie que sur ce qui résiste.

Jean ANOUILH

Il y a une chose que vous ne savez pas : c'est comme on est riche quand on a rien à perdre.

Gilles ARCHAMBAULT

L'argent n'aurait pas d'odeur. Tout le monde sait que c'est faux et que souvent chez nous il a celui de la lâcheté.

ARISTOTE

Les peuples qui habitent les régions froides sont faits pour l'indépendance.

• • •

L'Histoire est l'expérience des disparitions.

• • •

Quel plus terrible fléau que l'injustice qui a les armes à la main ?

• • •

Il n'est pas honnête de s'asservir à l'opinion, mais il y aurait de l'orgueil à la braver.

• • •

Il y a des cas où être raisonnable, c'est être lâche.

• • •

La véritable égalité consiste à traiter inégalement ce qui est inégal.

ARNOUX

La victoire s'use par ses excès ; on ne réussit véritablement qu'à force de patientes défaites.

Raymond ARON

Il faut gagner en politique ou bien il ne faut pas en faire.

• • •

L'indépendance, aujourd'hui, c'est de ne pas dépendre d'une seule puissance, c'est d'avoir une pluralité de dépendances.

• • •

Parmi les États membres des Nations unies, beaucoup n'ont ni la population, ni les ressources, ni la compétence administrative du Québec : environ six millions d'habitants, un revenu par habitant supérieur à celui de la France, un régime démocratique solidement établi, combien, parmi les États nouveaux, possèdent autant de titres à la reconnaissance internationale ?

• • •

... il saute aux yeux que l'ethnie française du Canada est assez nombreuse et dispose d'un territoire assez vaste pour constituer un État indépendant.

Antonin ARTAUD

Il faut suivre la foule pour la diriger. Lui tout céder pour tout lui reprendre.

Olivar ASSELIN

Ci-gît un peuple mort de bêtise.

Saint AUGUSTIN

In necessariis, unitas ; in dubiis, libertas ; in omnibus, caritas. (Dans les choses certaines, l'unité ; dans les choses douteuses, la liberté ; dans toutes les choses, la charité.)

Alphonse AULARD

Que la République était belle sous l'Empire !

Vincent AURIOL

Supprimer la liberté parce qu'elle permet quelques excès, équivaudrait à arracher toutes les vignes parce qu'il y a des ivrognes.

Marcel AYMÉ

L'injustice sociale est une évidence si familière... qu'elle paraît facilement naturelle à ceux mêmes qui en sont victimes.

Ferdinand BAC

Certains hommes publics arrivent au succès en taisant ce qu'il fallait dire, et à leur ruine en disant ce qu'il fallait taire.

• • •

Un peuple qui s'abandonne prend pour un état de liberté le plaisir de se laisser couler.

Francis BACON

La sagesse des crocodiles consiste à verser des larmes sur ceux qu'ils croquent.

• • •

Toute accession à une haute fonction emprunte un escalier tortueux.

Jacques BAINVILLE

L'optimisme est la fin des révolutions.

• • •

Il ne suffit pas d'avoir raison ; il faut encore avoir raison ni trop tôt ni trop tard.

Pierre Simon BALLANCHE

Il ne suffit pas de faire le bien, encore faut-il le bien faire.

Honoré de BALZAC

La gloire est le soleil des morts.

• • •

On trouve plus facilement la sagesse chez un homme seul que chez toute une nation.

• • •

La tolérance est comme la liberté — une sublime niaiserie politique...

• • •

Pour les hommes d'État comme pour les acteurs, il est des choses de métier que le génie ne révèle pas ; il faut les apprendre.

• • •

Les lois sont des toiles d'araignées à travers lesquelles passent les grosses mouches et où restent les petites.

• • •

Tout pouvoir est une conspiration permanente.

• • •

Dans les grandes crises, le cœur se brise ou se bronze.

Jules BARBEY d'AUREVILLY

Les plus grands hommes, en politique comme à la guerre, sont ceux qui capitulent les derniers.

• • •

L'hypocrisie, c'est la maturité du vice...

• • •

Les crimes de l'extrême civilisation sont plus atroces que ceux de l'extrême barbarie.

Henri BARBUSSE

Combien de crimes dont ils ont fait des vertus en les appelant nationales !

• • •

L'avenir est entre les mains des esclaves.

BARDIN

Il n'y a de nouveau dans le monde que ce qu'on a oublié.

BARKER

L'Angleterre est une démocratie parce qu'elle est une aristocratie.

Raymond BARRE

J'aime mieux être impopulaire qu'irresponsable.

BASTARACHE

Dans notre pays, le bilinguisme, c'est l'anglais.

Frédéric BASTIAT

L'État est la grande fiction à travers laquelle tout le monde s'efforce de vivre aux dépens de tout le monde.

• • •

La société n'est qu'un ensemble de solidarités qui se croisent.

Georges BATAILLE

L'orgueil est la même chose que l'humilité : c'est toujours le mensonge.

BAUDELAIRE

Les nations n'ont de grands hommes que malgré elles.

• • •

Le canon tonne, les membres volent... Des gémissements de victimes et des hurlements de sacrificateurs se font entendre... C'est l'Humanité qui cherche le bonheur.

Gérard BAUER

Il y a une chose pire encore que l'infamie des chaînes, c'est de ne plus en sentir le poids.

René BAZIN

Il faut faire le sacrifice de ses préférences mais pas celui de ses convictions.

Henri BAZIRE

Il ne faut pas tenir constamment la lumière sous le boisseau sous prétexte de la préserver des courants d'air.

BEAUCHÊNE

Agir dans la passion, c'est mettre à la voile durant la tempête.

BEAUMARCHAIS

Un grand nous fait assez de bien quand il ne nous fait pas de mal.

• • •

Le savoir-faire vaut mieux que le savoir.

• • •

La difficulté de réussir ne fait qu'augmenter la nécessité d'entreprendre.

André BEAUNIER

Les intolérants sont les parvenus de la certitude.

Viateur BEAUPRÉ

Homère a fait la Grèce autant et plus que les écono-mistes et les politiciens de son temps.

Simone de BEAUVOIR

Sans doute il est plus confortable de subir un esclavage aveugle que de travailler à s'affranchir : les morts aussi sont mieux adaptés à la terre que les vivants.

• • •

Une liberté qui ne s'emploie qu'à nier la liberté doit être niée.

• • •

La jeunesse n'aime pas les vaincus.

• • •

La fatalité triomphe dès qu'on croit en elle.

Henry BECQUE

Le malheur de l'égalité, c'est que nous la voulons avec nos supérieurs.

Albert BÉGUIN

La victoire n'est rien si elle est obtenue au prix des raisons qu'on avait de se battre.

Jacinto BENAVENTE

La faim sans idéal crée des émeutes mais pas des révo-lutions.

• • •

Parfois pour être bon, il faut cesser d'être honnête.

Walter BENJAMIN

Chaque époque rêve la suivante.

Nicolas BERDIAEFF

La liberté n'est pas un droit mais une obligation.

Gérard BERGERON

Il y a une belle, une terrible rationalité dans la décision d'être libre.

• • •

Il faut dire avec force que le séparatisme n'est nullement une idée absurde ni utopique. Le nationalisme d'émancipation est même une fin collective noble, qui a eu dans l'Histoire une force populaire certaine.

Henri BERGSON

Le régime démocratique consiste dans « la communauté d'obéissance, librement consentie, à une supériorité d'intelligence et de vertu ».

• • •

Il faut agir en homme de pensée et penser en homme d'action.

• • •

L'humanité gémit, à demi écrasée sous le poids des progrès qu'elle a faits.

Emmanuel BERLE

La pensée est révolutionnaire ou elle n'est pas.

Georges BERNANOS

Les peuples qui ont perdu le sens de la liberté ne le retrouveront que dans le sang et les larmes, au fond de l'extrême servitude.

• • •

Je crains que le révolté ne soit jamais capable d'apporter autant d'amour à ce qu'il aime que de haine à ce qu'il hait.

• • •

Si je suis violent, c'est pour épargner aux autres de l'être.

• • •

On ne subit pas l'avenir, on le fait.

• • •

La force et la faiblesse des dictateurs est d'avoir fait un pacte avec le désespoir des peuples.

• • •

Il est désormais possible de renverser l'opinion comme un mécanicien de locomotive renverse la vapeur.

Claude BERNARD

Nos idées ne sont que des instruments intellectuels qui nous servent à pénétrer les phénomènes. Il faut les changer quand elles ont rempli leur rôle. Comme on change de bistouri quand il a servi trop longtemps.

Tristan BERNARD

L'humanité, qui devrait avoir six mille ans d'expérience, retombe en enfance à chaque génération.

Henri BERNARDIN de SAINT-PIERRE

Celui qui veut faire du bien aux hommes doit s'exercer de bonne heure à en recevoir du mal.

G. BERNAUX

Les idées sont comme les jolies filles : elles peuvent aussi mal tourner.

Ambrose BIERCE

La politique est la conduite des affaires publiques pour le projet des particuliers.

Marquis de BIÈVRE

Les grands hommes ne sont grands que parce que nous les portons sur nos épaules.

BIGNON

Il n'y a pas de patrie pour les esclaves.

BINI

Celui qui ne sait pas gouverner est *toujours un usur-pateur.*

BISMARCK

La politique n'est pas une science exacte.

• • •

Après tout, à proprement parler, la guerre est la condition normale de l'humanité.

• • •

Quand on souffre, on n'est pas un homme politique. En politique, il n'y a pas de place pour la pitié.

René BLANCHARD

Le masochisme québécois, autrefois religieux, devient politique.

• • •

...le bilinguisme canadien est une fumisterie politique et constitutionnelle qui légalise et banalise un génocide en douce.

Auguste BLANQUI

Le capital est du travail volé.

Léon BLOY

L'argent, c'est le sang des pauvres.

• • •

Qu'est-ce que le bourgeois? C'est un cochon qui voudrait mourir de vieillesse.

Léon BLUM

Toute société qui prétend assurer aux hommes la liberté doit commencer par leur garantir l'existence.

• • •

La nature impose après coup aux révolutions les délais qu'aurait exigés une évolution régulière.

Nicolas BOILEAU-DESPRÉAUX

Le plus sot animal, à mon avis, c'est l'homme.

Pierre de BOISDEFFRE

Un vrai révolutionnaire exterminerait son père, sa mère et ses frères au nom de leur bonheur.

• • •

Vue de près, la terreur épouvante, mais le recul de l'Histoire lui rend une virginité.

• • •

En politique, on ne pardonne que les crimes qui réussissent.

Louis de BONALD

Dieu laisse l'homme libre de faire le mal pour qu'il ait le mérite de faire le bien.

• • •

Tant qu'un peuple n'est envahi que dans son territoire, il n'est que vaincu ; mais s'il se laisse envahir dans sa langue, il est fini.

• • •

Les bonnes institutions rendent les hommes meilleurs.

• • •

Ce sont les inégalités qu'on aime tout en prêchant l'égalité.

• • •

La guerre naît entre les hommes de l'égalité des besoins et de l'inégalité des forces.

• • •

38

Toutes les fois qu'on attend le retour de l'ordre, on ne peut se tromper que sur la date.

• • •

Partout où il y a beaucoup de machines pour remplacer les hommes, il y aura beaucoup d'hommes qui ne seront que des machines.

• • •

Le temps est le premier ministre de tout pouvoir qui veut le bien.

• • •

Dans les crises politiques, le plus difficile pour un honnête homme n'est pas de faire son devoir, mais de le connaître.

• • •

Il faut, quand on gouverne, voir les hommes tels qu'ils sont, et les choses telles qu'elles doivent être.

• • •

Toute révolution n'est qu'un effort que fait une société pour revenir à l'ordre.

• • •

Ce ne sont pas les riches qui oppriment le peuple, mais ceux qui veulent le devenir.

Étienne BORNE

Toute efficacité ne s'obtient qu'aux dépens d'une pureté.

A.J. BORNE-VOLBER

Les révolutions déplacent les souffrances mais ne les suppriment pas.

BOSSUET

Quand une fois on a trouvé le moyen de prendre la multitude par l'appât de la liberté, elle suit en aveugle pourvu qu'elle en entende seulement le nom.

• • •

Où il n'y a point de maître, tout le monde est maître ;
et où tout le monde est maître, tout le monde est esclave.

Antoine BOULAY de la MEURTHE

C'est pire qu'un crime, c'est une faute.

Henri BOURASSA

L'histoire de la Confédération canadienne, c'est la série
lamentable de nos déchéances et de nos défaites par
la fausse conciliation.

Robert BOURASSA

À la vérité, une conclusion d'ordre économique ne peut
suffire ni à déclencher ni à enrayer des mouvements
d'indépendance, mais elle devrait au moins aider à faire
un choix en pleine conscience.

• • •

Le Québec est le seul État de langue française en
Amérique du Nord. Ce fait, ajouté à celui de sa situation
minoritaire sur le continent — qui est une donnée
permanente de sa politique —, l'oblige à une inces-
sante vigilance pour préserver et faire rayonner la culture
qui le définit et le distingue.

Jacques de BOURBON BUSSET

La douceur est le luxe des forts.

• • •

Ce sont les minorités agissantes qui entraînent les
masses et qui font basculer l'avenir.

Pierre BOURGAULT

Nous ne voulons plus être une province « pas comme
les autres », nous voulons être un pays comme les
autres.

• • •

On m'a demandé l'autre jour : « Qu'est-ce qu'un Québécois ? » J'ai répondu : « C'est quelqu'un qui veut l'être. Quelqu'un qui assume le passé, le présent et l'avenir du Québec ! »

• • •

L'indépendance, c'est l'âge adulte pour une nation.

Paul BOURGET

Être indépendant ne consiste pas à ne pas prendre parti, mais à ne pas avoir de parti pris.

Habib BOURGUIBA

Être réaliste, c'est préférer une réforme modeste, qui en permet une autre, à un miracle impossible.

Léonce BOURLINGUET

Gouverner, c'est prévoir ; et prévoir, c'est se tromper.

Guyon-Guérin de BOUSCAL

Je veux ce que je dois, je fais ce que je puis.

Gaston BOUTHOUL

L'art politique est une mouvante partie d'échecs où chaque pion veut faire à sa tête.

Robert BRASILLACH

L'Histoire est écrite par les vainqueurs.

ANDRÉ BRETON

En matière de révolte, aucun de nous ne doit avoir besoin d'ancêtres.

• • •

Le seul mot de liberté est tout ce qui m'exalte encore.

Restif de la BRETONNE

Princes, régnez sur des hommes ; vous serez plus grands qu'en commandant des esclaves.

Aristide BRIAND

Il ne faut pas craindre de sortir de la légalité quand il n'y a pas d'autre moyen de rentrer dans le droit.

• • •

Pour défendre l'existence de la nation, s'il avait fallu aller jusqu'à l'illégalité, je n'aurais pas hésité.

Albert BRIE

Être libre, c'est faire ce que l'on veut, mais c'est aussi pouvoir s'abstenir de faire ce qu'on ne veut pas.

• • •

La liberté éclaire le monde en y mettant le feu.

• • •

Démocratie, démocratie, démocratie ! Démo - démo - démo !...

• • •

Entre le principe de la démocratie et son application, il y a la politique.

• • •

Les anarchistes, ces inlassables recycleurs de vieilles révolutions avortées.

• • •

Saint Jean-Baptiste n'est pas le patron des Canadiens français parce qu'il fut le précurseur du Messie, mais parce qu'il eut la tête tranchée.

• • •

La plupart des grands hommes sont considérés comme des lumières seulement quand ils sont éteints.

• • •

Nous autres, civilisés, savons-nous que nous sommes barbares ?

• • •

On ne peut mener les hommes sans les malmener.

• • •

Les peuples ne disparaissent pas parce qu'ils sont vaincus ou conquis, mais parce qu'ils se suicident.

• • •

Tous les pauvres sont frères ; tous les riches sont complices.

• • •

Les politiciens sont les professionnels de l'amateurisme politique.

• • •

La politique, c'est un cercle vicié.

• • •

L'évolution est une révolution qui n'en a pas l'r.

• • •

Bureaucratie : marche arrière du char de l'État.

• • •

La peur, ce magique ferment de la fraternité des lâches.

Maurice BRODEUR

Les animaux sont plus conséquents avec leurs instincts que les hommes avec leur intelligence.

Thomas Edward BROWN

Bien des hommes doivent la grandeur de leur vie à la grandeur de leurs difficultés.

Mgr Paul BRUCHÉSI

Il vaut mieux être moins savant et meilleur catholique que plus savant et mauvais catholique.

Michel BRUNET

Un pays bilingue est un pays infirme.

• • •

Une langue ne peut se maintenir et exprimer une culture que si ceux qui la parlent ont la liberté et les moyens d'exister comme collectivité distincte. Des individus isolés qui conservent par piété filiale ou par entêtement une langue en voie de disparition ne constituent pas une société.

BRZEZINSKI

Il est vrai aussi que l'État-nation n'a cessé d'être l'élément cristallisateur central — seul susceptible de mobiliser l'homme au nom de quelque chose qui le dépasse.

Harriet BUCHER-STOWE

L'esclave est un tyran dès qu'il le peut.

BUFFON

La gloire n'est un bien qu'autant qu'on en est digne.

De BUGNY

Une servitude crée toujours deux esclaves : celui qui porte la chaîne et celui qui la tient.

BUITARS

Les envieux ne manquent jamais de salir ce qu'ils ne peuvent pas atteindre.

BUSSY-RABUTIN

Dieu est d'ordinaire pour les gros escadrons contre les petits.

CAILLAUX

Le plus sûr moyen de servir son temps, c'est de le devancer.

Albert CAMUS

Il n'y a que deux puissances au monde : le sabre et l'esprit. À la longue le sabre est toujours vaincu par l'esprit.

• • •

La liberté est un bagne aussi longtemps qu'un seul homme est asservi sur la Terre.

• • •

Le grand événement du 20e siècle a été l'abandon des valeurs de liberté par le mouvement révolutionnaire.

• • •

Aucun homme n'estime sa condition libre si elle n'est pas juste en même temps, ni juste si elle n'est pas libre.

• • •

Tout révolutionnaire finit en oppresseur ou en hérétique.

• • •

L'unique devoir de l'homme est d'être heureux.

• • •

Il s'agit de servir la dignité de l'homme par des moyens qui restent dignes au milieu d'une Histoire qui ne l'est pas.

Thomas CARLYLE

La démocratie, c'est le chaos engendré par les urnes.

• • •

Il est surprenant comme la pourriture peut tenir debout longtemps si on ne la secoue pas.

Dale CARNEGIE

Il y a toujours deux raisons pour faire quelque chose : une bonne raison et la vraie raison !

Sir Georges Étienne CARTIER

Le Canadien français est un Anglais qui parle français.

Raymond CARTIER

Les peuples longtemps courbés n'ont pas de patience lorsqu'ils se redressent.

• • •

Les vérités en vieillissant deviennent des erreurs.

CASAMAYOR

Quel prix la liberté aurait-elle s'il n'y avait pas de courage à en user ?

CASANOVA

Les seuls espions avoués sont les ambassadeurs.

Emilio CASTELAR

Les grands hommes sont les formes diverses que revêtent les grandes idées.

Giovanni Battista CASTI

Celui qui vole un royaume est digne de gloire ; celui qui vole un petit pain mérite la corde.

Baldassare CASTIGLIONE

Quand le prince peut ce qu'il veut, il y a grand risque qu'il veuille ce qu'il ne doit pas vouloir.

Michel de CASTILLO

Les tyrans ne sont forts que par le silence de leurs victimes.

Fidel CASTRO

Même les morts ne peuvent reposer en paix dans un pays opprimé.

46

Gérard de CATALOGNE

L'ordre lui-même doit devenir révolutionnaire.

Jean CAU

L'avantage du drapeau rouge, c'est que les assassins peuvent y essuyer leurs mains sanglantes sans le souiller.

CAVAIGNAC

J'abandonne le trône. Je pourrais en tomber, j'aime mieux en descendre.

CAVOUR

La pire des chambres vaut encore mieux que la meilleure des antichambres.

Louis-Ferdinand CÉLINE

Le peuple, il a pas d'idéal, il a que les besoins.

Miguel de CERVANTES

Il n'existe pas sur terre de bonheur semblable à celui de recouvrer la liberté perdue.

Claude CHABROL

Le propre des sociétés aliénées, c'est la putréfaction des valeurs fondamentales.

Paul CHAMBERLAND

Deux peuples qui vivent l'un dans l'autre, c'est malsain.

• • •

Nous n'aurons été qu'une page blanche de l'Histoire.

• • •

Je ne veux pas vivre à moitié dans ce demi-pays.

CHAMFORT

Il est malheureux... que les pauvres n'aient pas l'instinct ou la fierté de l'éléphant qui ne se reproduit pas dans la servitude.

• • •

Le public, le public !... Combien faut-il de sots pour faire un public ?

• • •

Les courtisans sont des pauvres enrichis par la mendicité.

• • •

Amitié de cour, foi de renards, société de loups.

• • •

En France, on laisse en repos ceux qui mettent le feu et on persécute ceux qui sonnent le tocsin.

• • •

Si les singes avaient le talent des perroquets, on en ferait volontiers des ministres.

• • •

Dans les discussions, les injures sont les raisons de ceux qui ont tort.

• • •

Il y a des siècles où l'opinion publique est la plus mauvaise des opinions.

• • •

On gouverne les hommes avec la tête. On ne joue pas aux échecs avec un bon cœur.

• • •

La société est composée de deux grandes choses : ceux qui ont plus de dîners que d'appétit et ceux qui ont plus d'appétit que de dîners.

Roger CHAMPOUX

En politique, les vérités qui ne sont pas bonnes à dire sont justement celles qu'il faut surtout dire.

48

Maurice CHAPELEAU

Le scénario des révolutions se répète : des prophètes les rêvent, des apôtres les font, des fripons les défont. Du vent, du sang, du gang.

Charles CHAPLIN

Tant que les hommes sauront mourir, la liberté ne saurait périr.

Solange CHAPUT-ROLLAND

...je sais aujourd'hui de façon définitive que dans la conjoncture actuelle de notre vie nationale, mon pays, ce n'est pas et ce ne sera jamais le Canada. J'ai honnêtement cherché un dénominateur commun entre Canadiens de langues française et anglaise, et je ne l'ai pas trouvé. En conséquence, je reviens à la terre Québec plus Québécoise que Canadienne française, parce que j'ai appris durement, douloureusement et définitivement que pour demeurer fidèle à la ligne profonde de mon passé, de mon présent et de tout ce qui compose mon être de langue et de culture françaises, je dois vivre au Québec dans un pays qui, un jour, deviendra peut-être mon pays.

• • •

Puisque le bilinguisme national s'avère une vaste blague, cessons d'y croire... et employons notre énergie à... obtenir la création non de privilèges pour une province sur dix, mais d'égalité pour un État français à côté d'un État anglais. Ensuite, si au sein de cet État français nous nous prouvons capables de nous conduire en peuple libre... nous obtiendrons aisément notre indépendance... Une nation indépendante et qui a le courage de lutter pour le devenir, engendre des individus qui portent leur indépendance aux poings et leur fierté au cœur.

CHARLES IX

Tuez-les, mais tuez-les tous pour qu'il n'en reste pas un pour me le reprocher.

CHÂTEAUBRIAND

Levez-vous vite, orages désirés !...

• • •

Il faut être avare de son mépris vu le grand nombre de nécessiteux.

• • •

Le plus grand malheur des hommes c'est d'avoir des lois et un gouvernement.

• • •

C'est le devoir qui crée le droit et non le droit qui crée le devoir.

• • •

Tout mensonge répété devient une vérité.

• • •

Il est impossible de porter le flambeau de la vérité dans une foule sans brûler la barbe à quelqu'un.

• • •

Les bonnes lois ne sont que la conscience écrite.

• • •

Les flatteurs des peuples sont aussi dangereux que les flatteurs des rois.

• • •

Les institutions passent par trois périodes : celle des services, celle des privilèges et celle des abus.

Philippe de CHENNEVIÈRE

La politique, si elle n'est le rêve des génies, est d'ordinaire la causette des imbéciles.

Victor CHERBULIEZ

C'est beau, un système, c'est le monde vu à travers une idée.

André CHERRIER

Ma chère liberté, mon unique héritage,
Trésor qu'on méconnaît tant qu'on en a l'usage.

Gilbert Keith CHESTERTON

Je déteste les disputes qui interrompent les discussions.

• • •

Les idées chrétiennes sont devenues folles.

Olivier CHEVRILLON

C'est dans le carcan doctrinaire que l'âme de la gauche
étouffe, dans la casuistique de ses théologiens qu'elle
s'éteint.

Paul CHRÉTIEN-AUDRUGER

La justice est un astre qui ne luit que sur les tombes.

• • •

C'est mal aimer sa patrie que de haïr celle des autres.

• • •

Les régimes passent. Les abus restent. Il n'y a que les
profiteurs qui changent.

• • •

Il y aura toujours des riches et des pauvres ; mais rien
ne veut que ce soit toujours les mêmes.

• • •

Il y a souvent plus à attendre de la force des choses
que de la force des hommes.

• • •

Quand la liberté dégénère en licence, il faut s'attendre
à voir l'autorité tourner au despotisme.

• • •

Les erreurs les plus dangereuses sont celles qu'on glisse
entre deux vérités.

• • •

Le progrès est un bienfait illusoire qui crée plus de
besoins qu'il n'en satisfait.

Winston CHURCHILL

Un fanatique est quelqu'un qui ne peut pas changer d'avis et ne veut pas changer de sujet.

• • •

La vérité doit quelquefois être protégée par une phalange de mensonges.

• • •

Tout le monde savait que c'était impossible ; puis un jour est venu un homme qui ne le savait pas... et il l'a fait.

• • •

La politique d'apaisement consiste à donner à manger à un crocodile dans l'espoir qu'on sera le dernier à être mangé.

• • •

Si, pour éviter la guerre, nous acceptons le déshonneur, nous aurons les deux : et le déshonneur et la guerre.

Jules CLARÉTIE

Le patriotisme ne doit pas être un instinct qui hait, mais une vertu qui préfère.

Paul CLAUDEL

Les gens ne sont des héros que quand ils ne peuvent pas faire autrement.

• • •

C'est beau, un peuple qui se réveille tout à coup avec un grand frisson, comme un corps d'homme, et qui s'aperçoit qu'on parle la même langue et que d'un bout à l'autre on n'est plus qu'une seule pièce, un seul corps et une seule âme !

• • •

Il n'y a de société vivante que celle qui est animée par l'inégalité et la justice.

Karl von CLAUSEWITZ

La guerre est la continuation de la politique par d'autres moyens.

Eldridge CLEAVER

Si vous ne contribuez pas à la solution, vous faites partie du problème.

Georges CLÉMENCEAU

Il faut savoir ce qu'on veut. Quand on le veut, il faut avoir le courage de le dire. Et quand on l'a dit, il faut avoir le courage de le faire.

• • •

La démocratie est le luxe de l'ordre.

• • •

Si vous voulez faire quelque chose, faites-le. Sinon, nommez une commission.

• • •

Il est plus facile de faire la guerre que la paix.

• • •

Qu'importe l'accident d'une défaite à qui n'y voit qu'un préliminaire du succès ?

• • •

L'État a trop d'enfants pour être bon père de famille.

• • •

On ne subit pas le salut. On le fait.

• • •

S'il pouvait y avoir un conflit entre la République et la liberté, c'est la République qui aurait tort.

Dominique CLIFT

Ceux qui ignorent l'Histoire sont condamnés à la répéter.

Jean COCTEAU

Il n'y a pas de précurseurs ; il n'existe que des retardataires.

• • •

La révolution a toujours un air de poésie parce que la poésie est révolution.

• • •

La France a toujours cru que l'égalité consistait à trancher ce qui dépasse.

• • •

L'avant-garde commence debout et finit assis.

Jean-Louis COMMERSON

Plus un peuple est léger, plus il est facile à soulever.

Auguste COMTE

Le parlementarisme est un régime d'intrigue et de corruption où la tyrannie est partout et la responsabilité nulle part.

• • •

Les morts gouvernent les vivants.

• • •

Savoir pour prévoir, prévoir pour pouvoir.

• • •

Tout choix des supérieurs par les inférieurs est profondément anarchique.

CONFUCIUS

Il vaut mieux allumer une seule et minuscule chandelle que de maudire l'obscurité.

Benjamin CONSTANT

Le cours des choses est bien plus fort que la volonté des hommes.

Guy CORMIER

Entre l'anarchie permanente et l'ordre dans la contrainte, un pays finit toujours par choisir l'ordre à tout prix, le prix à payer dût-il consister en la renonciation aux libertés démocratiques.

Pierre CORNEILLE

À force d'être juste on est souvent coupable.

• • •

Le pire des États, c'est l'État populaire.

Donoso CORTÈS

En général, ceux qui combattent le mieux un ennemi ne sont pas ceux qui le détestent mais ceux qui le connaissent.

• • •

Si les riches n'avaient pas perdu la vertu de charité, les pauvres n'auraient pas perdu la vertu de patience.

• • •

La liberté pour tout et pour tous, excepté pour le mal et les malfaiteurs.

Roch CÔTÉ

Un parti au pouvoir marche avec des bottines de plomb, quelle que soit la qualité de ses hommes.

Georges COURTELINE

En diplomatie, le dernier mot de l'astuce est de dire la vérité.

Victor COUSIN

C'est un coupable usage de la liberté que de l'abdiquer.

• • •

En philosophie, il n'y a pas d'autre patrie que l'humanité.

• • •

Il est plus facile d'être un grand homme qu'un homme de bien.

• • •

Le crime d'un homme libre a plus de valeur que l'innocence d'un esclave.

Richard CROMWELL

Il arrive que le peuple se trompe dans ses acclamations, mais jamais dans ses quolibets.

Cardinal Jean DANIELOU

Le drame de notre temps est celui de la liberté. Il est celui de savoir comment la liberté peut s'inscrire dans un ordre sans se détruire.

Pierre DANINOS

La liberté passe avant l'argent, bien sûr, mais l'embêtant, c'est que de nos jours, c'est l'argent qui donne la liberté.

DANTE

Ceux qui croient que l'argent fait tout sont capables de tout faire pour en avoir.

DANTON

On n'emporte pas la patrie à la semelle de ses souliers.

• • •

Malheur à celui qui veut faire une révolution sans être calomnié.

Léon DAUDET

La démocratie n'est qu'un fétiche révolutionnaire qui bêle la paix universelle les pieds dans le sang.

Albert DAUZAT

Le bilinguisme, c'est le passage transitoire d'une langue à une autre.

Régis DEBRAY

Il n'y a pas de politique heureuse, et les révolutionnaires sont un peu plus malheureux que les autres parce qu'ils croient plus que les autres au bonheur humain.

Michel DEBRÉ

Les monarchies périssent en résistant aux volontés populaires et les démocraties en leur cédant !

Casimir DELAVIGNE

Les sots depuis Adam sont en majorité.

• • •

Tant qu'on est redoutable, on n'est point innocent.

• • •

Pour monter, jusqu'où ne descendons-nous pas ?

Claude DELMAS

Une révolution ne peut réussir que si trois éléments se trouvent réunis : une situation révolutionnaire, une doctrine révolutionnaire, un personnel révolutionnaire.

DÉMOCRITE

La patrie d'une âme élevée, c'est l'univers.

DÉMOSTHÈNE

Je crois d'un bon citoyen de préférer les paroles qui sauvent aux paroles qui plaisent.

Père André DEPIERRE

On n'est juste que si on va jusqu'au bout des exigences de la justice.

Jean-Paul DESBIENS

Les gouvernements ne sont pas faits pour être aimés ; ils sont faits pour gouverner et être battus, périodiquement.

• • •

La Crise d'octobre n'est que la partie visible de l'iceberg ; la partie invisible, c'est la longue frustration de ce peuple... Nous sommes, en dehors de la France, le groupe le plus puissant et le plus apte à fournir une interprétation originale du chant profond de la culture française.

• • •

Nous autres, on veut casser maison. On est tannés de vivre chez la belle-mère.

• • •

La politique est tout entière dans les moyens. On n'a jamais que la politique de ses moyens.

• • •

Il est plus dangereux pour les riches de vivre entourés de pauvres, que pour les pauvres de vivre entourés de riches.

• • •

Toute libération consiste à passer de la servitude au service.

• • •

L'Histoire, c'est l'histoire du pouvoir. Et l'histoire du pouvoir, c'est l'histoire des carnages... Des légionnaires de Tibère aux « marines » américains, ce n'est toujours que pauvres tuant pauvres... Quand on commence par tuer beaucoup de pauvres, par amour des pauvres, on n'en finit plus de tuer ou d'écraser les pauvres par amour du pouvoir.

• • •

Le pouvoir étant une charge, il ne faudrait jamais le donner à ceux qui le mendient. On ne mendie pas une charge. On devrait y être conscrit, comme un soldat.

• • •

Les vrais pouvoirs ne se font pas élire.

• • •

La liberté n'est pas un cadeau, elle est une tâche.

René DESCARTES

Attendez-vous qu'un grand nombre de gens supposent à vos actions les motifs mesquins qui règlent les leurs.

Jean DESCOLA

L'homme n'est plus capable de grand-chose du jour où il a perdu la vertu de colère.

Fernand DESNOYERS

Il est des morts qu'il faut qu'on tue !

Auguste DETŒUF

Un homme est vieux à partir de l'heure où il cesse d'avoir de l'audace.

Jacques DEVAL

Le plus sûr moyen d'accéder aux charges suprêmes est de donner des gages assidus de son insignifiance.

Porfirio DIAZ (dictateur mexicain)

Pauvre pays, si loin de Dieu et si près des États-Unis !

Denis DIDEROT

Mille hommes qui ne craignent pas pour leur vie sont plus redoutables que dix mille qui craignent pour leur fortune.

• • •

Aucun homme n'a reçu de la nature le droit de commander les autres.

• • •

Regardez-y de près et vous verrez que le mot liberté est un mot vide de sens, qu'il n'y a point et qu'il ne peut y avoir d'êtres libres, que nous ne sommes que ce qui convient à l'ordre général, à l'organisation, à l'éducation et à la chaîne des événements.

John DIEFENBAKER

La Chambre des communes est un hôpital psychiatrique dirigé par ses propres patients.

Léon DION

Si le peuple du Québec, consulté démocratiquement, accordait à son gouvernement l'autorité de proclamer l'indépendance, j'endosserais une telle décision.

• • •

Depuis 1763, nous n'avons plus d'Histoire, sinon celle, par réfraction, que nos conquérants veulent bien nous laisser vivre, pour nous calmer. Cette tâche leur est d'autant plus facile que nous sécrétons nos propres bourreaux.

• • •

Sur le plan politique, le Québec a besoin d'un État...

Benjamin DISRAELI

Un précédent embaume un principe.

60

Jean-Marie DOMENACH

La géographie de l'oppression est plus inquiétante encore que celle de la faim.

• • •

En politique, la parole sert non pas à dire les choses mais à éviter de les dire.

John DONNE

Aucun homme n'est une île, complet en soi-même ; chaque humain est une partie du continent, une partie du tout.

Georges DOR

Nous sommes des conquis contents.

John DOS PASSOS

Je n'ai pas assez de foi dans la nature humaine pour être anarchiste.

DOSTOÏEVSKI

Un être qui s'habitue à tout, voilà, je pense, la meilleure définition qu'on puisse donner de l'homme.

• • •

Je ne comprends pas pourquoi il est plus glorieux de bombarder une ville que d'assassiner quelqu'un à coups de hache.

Jean DRAPEAU

Ah ! que s'opère enfin la mobilisation de tous les hommes qui ont gardé le goût de la vérité et de la foi en un Québec libre et rayonnant ! Ils sauront que le combat que nous aurons à mener passe par la double voie de l'indépendance économique et politique, l'une et l'autre, bases indispensables de notre avenir.

• • •

L'opposition n'est qu'un sous-produit de l'élection ; le produit, c'est le pouvoir.

Colonel Georges DREW

Je ne crois pas qu'il soit injuste de rappeler aux Canadiens français qu'ils sont une race vaincue et que leurs droits sont des droits uniquement à cause de la tolérance de l'élément anglais, qui, tout respect dû à la minorité, doit être regardée comme la race dominante.

Pierre DRIEU LA ROCHELLE

L'extrême civilisation engendre l'extrême barbarie.

• • •

On ne peut obéir si personne ne commande.

Maurice DRUON

Quel poison avez-vous versé dans les eaux de la liberté !

• • •

Savoir discerner la servilité de l'obéissance est un des rudiments de l'art de gouverner.

• • •

C'est à la manière dont ils se comportent lorsqu'ils sont écartés du pouvoir qu'on peut juger des hommes dignes d'y revenir.

• • •

Il n'y a pas de grandeur à régner sur des esclaves.

• • •

C'est toujours sur une démission collective que les tyrans fondent leur puissance.

Claude DUBOIS

Vous avez opté pour le sommeil, eh bien, dormez maintenant !

62

Charles DU BOS

Ne pourrait-on même soutenir que c'est parce que les hommes sont inégaux qu'ils ont d'autant plus besoin d'être frères ?

Maxime DU CAMP

Le peuple étant toujours enfant, le gouvernement doit toujours être père.

• • •

Une révolution, c'est un accès d'épilepsie sociale.

DUCLOS

La nature donne les vivres, les hommes font la famine.

Alain DUHAMEL

La France est un pays étrange qui pense à gauche et vote à droite.

• • •

La gauche séduit, la droite épouse.

• • •

La gauche règne sur les consciences, la droite, sur les affaires.

Georges DUHAMEL

Toute souffrance est stérile, désespérée et sans rachat, qui ne sert qu'à nourrir la haine.

• • •

L'État est gouverné par le rebut de toutes les carrières honorables.

• • •

Quelle que soit l'issue d'un rêve généreux, il grandit toujours l'homme qui l'a porté.

Lord DUKESTON

Nous voulons des hommes libres et non des esclaves bien nourris.

Alexandre DUMAS

Pour entraîner mille individus, il n'est besoin que de les émouvoir ; pour en entraîner un, il faut le convaincre.

• • •

L'argent est un bon serviteur et un mauvais maître.

• • •

Le devoir (...) c'est ce qu'on exige des autres.

• • •

L'habileté est l'art de se servir de la force et au besoin de s'en passer.

• • •

Le génie humain a des limites ; la bêtise n'en a pas.

Mgr Félix DUPANLOUP

La liberté finit où commence le droit des autres.

Maurice DUPLESSIS

S'il n'est pas désiré dans la Confédération, le Québec dispose des moyens, des ressources et du pouvoir de vivre seul.

Lord DURHAM

Point de paix possible dans le Bas-Canada si l'on n'y éteint les discordes entre races ; nul moyen d'y éteindre ces discordes, si l'on ne détermine une fois pour toutes le caractère national de la province, lequel doit être celui de l'Empire britannique, celui de la grande race qui, à une époque non reculée, doit prédominer sur tout le continent de l'Amérique septentrionale... Le premier et ferme dessein du gouvernement doit être, à l'avenir, d'établir dans cette province une population anglaise, avec les lois et la langue anglaises et de n'en confier le gouvernement qu'à une législature décidément anglaise.

• • •

Je m'attendais à trouver un conflit entre un gouvernement et un peuple ; je trouve deux nations en guerre au sein d'un même État.

Lawrence DURRELL

La politique est un art qui ne s'occupe que des moyennes.

DUSSAULT

Presque toutes les opinions humaines sont des passions.

Jean DUTOURD

Les impatients arrivent toujours en retard.

L'ECCLÉSIASTE

Le cœur du sage est à droite, et le cœur de l'insensé à gauche.

Albert EINSTEIN

L'élément précieux dans les rouages de l'humanité ce n'est pas l'État, c'est l'individu.

• • •

Les États-Unis d'Amérique forment un pays qui est passé directement de la barbarie à la décadence sans jamais avoir connu la civilisation.

• • •

La seule chose absolue dans un monde comme le nôtre, c'est l'humour.

Dwight EISENHOWER

Ceux qui mettent leurs privilèges au-dessus de leurs principes ne tarderont pas à perdre les uns et les autres.

Georges ELGOZY

Despote mal éclairé, le peuple souverain... ne s'engoue pas pour ceux qui répandent la lumière, mais pour ceux qui éblouissent.

• • •

La dignité d'un peuple est fonction de son aptitude à s'indigner.

• • •

Rien n'arrive au monde que par la gauche. C'est par erreur que le soleil se lève à l'est.

Havelock ELLIS

La Terre promise est toujours de l'autre côté du désert.

Paul ÉLUARD

Il faut prendre à César tout ce qui ne lui appartient pas.

Ralph Waldo EMERSON

To be great is to be misunderstood.
(Être grand, c'est être incompris.)

• • •

Tout gouvernement est une théocratie impure.

Friedrich ENGELS

La liberté consiste en la souveraineté sur nous-mêmes et sur le monde extérieur fondée sur la connaissance des lois nécessaires de la nature.

ÉPICTÈTE

Quand tu fais quelque chose, si tu as raison, pourquoi crains-tu ceux qui auront tort de te blâmer ?

ÉPICURE

Mieux vaut après avoir calculé juste, manquer le but par malchance, qu'après avoir mal calculé l'atteindre par hasard.

ÉRASME

Si on consulte l'Histoire, on voit que jamais l'État ne fut si mal gouverné qu'aux périodes où le pouvoir était tombé aux mains des philosophards ou des plumitifs.

• • •

...cette énorme et puissante bête : le peuple.

Robert ESCARPIT

Chaque vérité, chaque liberté conquises sécrètent une orthodoxie qui les tue.

Aron ESHKOL

Ceux qui ne peuvent pas voler veulent vous apprendre à ramper.

Gaston EYSKENS

En politique comme en amour, pas de jamais ni de toujours.

Jean Henri FABRE

L'homme succombera tué par l'excès de ce qu'il appelle la civilisation.

Albert FAUCHER

L'indépendance, elle est dans le tricot de l'Histoire.

Edgar FAURE

Le véritable choix, ce n'est pas entre les idéaux, c'est entre les moyens.

FÉNELON

Le suprême et le parfait gouvernement consiste à gouverner ceux qui gouvernent : il faut les observer, les éprouver, les modérer, les corriger, les animer, les élever, les rabaisser, les changer de place, et les tenir toujours dans sa main.

• • •

On peut réparer le passé par l'avenir.

• • •

Les rois sont faits pour les peuples et non les peuples pour les rois.

• • •

Il faut mériter les louanges et les fuir.

• • •

La guerre est un mal qui déshonore le genre humain.

• • •

Ne montrez de la confiance qu'à ceux qui ont le courage de vous contredire...

• • •

Le plus libre de tous les hommes est celui qui peut être libre dans l'esclavage même.

Jacques FERRON

La langue n'est qu'un prétexte ; le véritable enjeu de la lutte est l'honneur de l'homme, qui ne peut se concevoir dans l'abaissement d'un peuple au profit d'un autre.

Gérard FILION

Au Québec, on n'élit pas de gouvernement : on s'en débarrasse.

• • •

Décidément, Québec n'est pas une province comme les autres : elle est un peu plus bête.

Scott FITZGERALD

On devrait comprendre que les choses sont sans espoir, et cependant être décidé à vouloir les changer.

Gustave FLAUBERT

Quelle canaille, les honnêtes gens !

• • •

J'appelle bourgeois quiconque pense bassement.

Robert de FLERS

Démocratie est le nom que nous donnons au peuple chaque fois que nous avons besoin de lui.

Yves FLORENNE

Cette prostituée si chatouilleuse sur la vertu : l'opinion.

Maréchal Ferdinand FOCH

Accepter l'idée d'une défaite, c'est être vaincu.

• • •

Ne me dites pas que ce problème est difficile. S'il n'était pas difficile, ce ne serait pas un problème.

• • •

Ne prenons pas au tragique les choses simples et simplifions les choses tragiques.

• • •

Sachez ce que vous voulez, et faites-le.

Henry FORD

La défaite est tout simplement la chance de recommencer plus intelligemment.

• • •

Un échec n'est qu'une occasion de renouveler une tentative avec plus de sagesse.

Anatole FRANCE

On croit mourir pour sa patrie et l'on meurt pour les industriels.

• • •

Ils tomberont de si bas que leur chute même ne leur fera pas mal.

• • •

La guerre civile est moins détestable que la guerre avec l'étranger. On sait du moins pour quoi on se bat.

• • •

J'aime la vérité. Je crois que l'humanité en a besoin ; mais elle a bien plus grand besoin encore du mensonge qui la flatte, la console, lui donne des espérances infinies. Sans le mensonge, elle périrait de désespoir et d'ennui.

• • •

Il n'y a pas de gouvernement populaire. Gouverner, c'est mécontenter.

• • •

Toutes les idées sur lesquelles repose aujourd'hui la société ont été subversives avant d'être tutélaires.

• • •

L'avenir est un lieu commode pour y mettre des songes.

Benjamin FRANKLIN

Les taxes et la mort sont les deux seules certitudes.

• • •

Il y a bien des manières de ne pas réussir, mais la plus sûre est de ne jamais prendre de risques.

• • •

Ceux qui abandonnent une liberté essentielle pour une sécurité temporaire ne méritent ni la liberté ni la sécurité.

• • •

Un manant debout est plus grand qu'un gentilhomme à genoux.

• • •

C'est difficile pour un sac vide de se tenir droit.

FRÉDÉRIC II de Prusse

Le peuple est une masse imbécile faite pour être menée par ceux qui se donnent la peine de le tromper.

• • •

Insensés que nous sommes : nous voulons tout conquérir, comme si nous avions le temps de tout posséder !

FULLER

La foule a beaucoup de têtes et pas de cervelle.

Jean GABIN

J'en ai rien à faire de la politique. Je laisse ça aux croyants, la politique. Comme il ne se passe jamais rien de bien... Et puis les politiciens, ce sont de mauvais acteurs. Nous, quand on est mauvais, c'est pas grave. Eux, c'est dangereux. D'ailleurs le type qui au départ dit : « Moi je vais commander les autres », c'est un vicieux. C'est déjà un emmerdeur.

Jean-Louis GAGNON

Quant à notre Confédération, je lui dis merde parce que c'est elle qui nous a conduits où nous sommes.

• • •

Au risque de nous attirer les foudres doctorales de tous les admirateurs des institutions anglaises, nous nous déclarons intégralement opposés à ces deux mystiques périmées : la démocratie et la Confédération.

• • •

L'Angleterre nous avait conquis par les armes, elle nous a reconquis par voie d'assimilation.

• • •

Les diplomates anglais, désespérant de vaincre par la casse, nous ont offert le cocktail du bilinguisme.

• • •

Le monde n'est qu'un immense fumier pour nourrir quelques roses.

• • •

Les dilettantes sont les pédérastes de l'esprit.

• • •

Il ne faut pas confondre la tradition avec la sagesse.

• • •

Car si toutes les révolutions n'ont pas le même point d'arrivée, toutes ont le même point de départ : l'instinct de la liberté...

• • •

L'idéologie est souvent voisine de l'idée fixe.

GALILÉE

L'autorité d'un seul homme compétent, qui donne de bonnes raisons et des preuves certaines, vaut mieux que le consentement unanime de ceux qui n'y comprennent rien.

Léon GAMBETTA

En administration, il faut être quelque chose, mais en politique, il faut être quelqu'un.

• • •

Ce qui constitue la vraie démocratie, ce n'est pas de reconnaître des égaux, mais d'en faire.

• • •

L'avenir n'est interdit à personne.

GANDHI

La fin, c'est les moyens.

• • •

Aux affamés, Dieu ne peut paraître que sous l'apparence d'un pain.

Angel GANIVET

L'art d'un prince consiste à faire le bien personnellement et le mal par un second.

Roger GARAUDY

Il n'est pas vrai qu'on laisse la liberté à tout le monde quand on laisse à quelques-uns la liberté d'exploiter les autres... Il n'y a pas de théorie du renard libre dans le poulailler libre. La liberté du poulailler exige l'enchaînement du renard.

Philippe GARIGUE

Si les nouvelles familles décident de n'avoir qu'un ou deux enfants seulement, alors, le remplacement de la génération précédente ne sera même pas assuré, et l'existence d'un Québec francophone disparaîtra dans un avenir plus ou moins rapproché.

P. GATRY

La douceur, c'est la plénitude de la force.

Françoise GAUDET-SMET

On n'attend pas les temps meilleurs ; on les fait.

Charles de GAULLE

La fin de l'espoir est le commencement de la mort.

• • •

Les hommes, si lassants à voir dans les manœuvres de l'ambition, combien sont-ils attrayants à voir dans l'action pour une grande cause !

• • •

L'avenir dure longtemps.

• • •

Il y a un pacte vingt fois séculaire entre la grandeur de la France et la liberté du monde.

• • •

La grandeur a besoin de mystère. On admire mal ce que l'on connaît bien.

• • •

Parfois, les militaires, s'exagérant l'impuissance de l'intelligence, négligent de s'en servir.

• • •

Nous vivons à une époque où beaucoup de révolutionnaires ne sont que des conservateurs révoltés !

• • •

La politique la plus coûteuse, la plus ruineuse, c'est d'être petit.

• • •

Rien ne rehausse mieux l'autorité que le silence, splendeur des forts et refuge des faibles.

• • •

La gloire se donne seulement à ceux qui l'ont toujours rêvée... Elle est une maîtresse capricieuse : elle exige tout et ne pardonne rien.

• • •

Les choses capitales qui ont été dites à l'humanité ont toujours été des choses simples.

• • •

Un homme supérieur n'a pas d'amis puisqu'il n'a pas d'égaux.

• • •

En politique, ce ne sont pas les intentions qui comptent mais les résultats.

• • •

Le pouvoir n'était pas à prendre... il était à ramasser.

• • •

En politique comme en amour, il arrive que la retraite soit une forme de victoire.

• • •

Les politichiens !

• • •

Comme un homme politique ne croit jamais ce qu'il dit, il est tout étonné quand il est cru sur parole.

• • •

Il faut s'entourer de gens qui se détestent : c'est le seul moyen de savoir ce qui se passe.

• • •

74

On ne résout pas les problèmes, il faut vivre avec eux.

• • •

L'Histoire et le monde sont faits de problèmes jamais résolus.

• • •

On a très souvent tort d'avoir raison trop tôt.

• • •

En France, la gauche trahit l'État et la droite trahit la Nation.

• • •

De Gaulle n'est pas à gauche, ni à droite, ni au centre. Il est au-dessus !

• • •

L'ambition est la dernière passion des vieillards.

• • •

Pour entrer dans l'Histoire, il faut épouser une grande querelle.

Robert de GAUMONT

Prenez les citoyens pour des mineurs, ils se conduiront comme des asociaux ; traitez-les comme des êtres majeurs, ils se conduiront en responsables.

Jérôme GAUTHIER

Alors quoi ? Les chemins de la liberté, de l'égalité, de la justice doivent-ils nécessairement, comme ceux de la gloire, être pavés d'ossements de victimes ? N'est-il pas d'autre réponse à l'intolérance que l'intolérance, à la cruauté que la cruauté, à la terreur que la terreur ? Le problème des uns ne sera-t-il jamais résolu que par le massacre des autres ? Si c'est la loi suprême de notre monde, eh bien, que ce monde crève !

Théophile GAUTIER

On dirait que les hommes ont peur de ne pas mourir, à voir tout ce qu'ils inventent pour se tuer.

Paul GÉRIN-LAJOIE

Il faut savoir, en même temps, rompre avec le passé et s'appuyer sur lui.

André GIDE

Le monde ne sera sauvé, s'il peut l'être, que par les insoumis... Ils sont... le « sel de la terre » et les responsables de Dieu.

• • •

Il est bon de suivre sa pente, pourvu que ce soit en montant.

• • •

Je crois à la vertu des petits peuples. Je crois à la vertu du petit nombre. Le monde sera sauvé par quelques-uns.

Vincenzo GIOBERTI

Les plus grands ennemis de la liberté ne sont pas ceux qui l'oppriment, mais ceux qui la déshonorent.

Émile de GIRARDIN

La civilisation, c'est le faisceau de toutes les libertés.

• • •

Le faible garanti contre le fort, c'est l'état de civilisation.

Jean GIRAUDOUX

La justice consiste à empêcher d'avoir raison ceux qui ont raison trop longtemps.

• • •

Le privilège des grands, c'est de voir les catastrophes d'une terrasse.

• • •

...tout ce que je demande aujourd'hui, c'est qu'on me redonne une patrie, un pays que je puisse du moins caresser.

• • •

L'humanité est une entreprise surhumaine.

Françoise GIROUD

Les grands leaders sont... des transformateurs d'énergie. Avec des courants négatifs, ils font des forces positives.

• • •

Plus les idées sont subversives, plus il faut les exposer avec mesure.

• • •

Le monde est une jungle dont il faut être ou le seigneur ou la proie.

• • •

Quand on regarde bas, on voit bas.

Valéry GISCARD D'ESTAING

À partir du moment où la moitié des gens sont pour la continuité, et la moitié pour le changement, la solution raisonnable est donc pour un changement dans la continuité.

William Ewart GLADSTONE

On ne se bat pas contre l'avenir.

• • •

Dans une longue vie, j'ai appris deux règles de sagesse : la première, de pardonner beaucoup, la seconde de n'oublier jamais.

GOBINEAU

Un peuple a toujours besoin d'un homme qui comprenne sa volonté, la résume, l'explique et le mène où il doit aller.

Joseph GOEBBELS

Plus le mensonge est gros, plus il a de chances d'être cru.

Johann Wolfgang GOETHE

J'aime mieux une injustice qu'un désordre.

• • •

La politique, ce brouillamini d'erreurs et de violences.

• • •

Nul n'est plus esclave que celui qui se croit libre sans l'être.

Edmond et Jules de GONCOURT

Nul, en ce monde, n'est le pareil ni l'égal d'un autre. La règle absolue des sociétés, la seule logique, la seule naturelle et légitime est le privilège. L'inégalité est le droit naturel ; l'égalité est la plus horrible des injustices.

• • •

Il n'y a que deux grands courants dans l'histoire de l'humanité : la bassesse, qui fait les conservateurs, et l'envie, qui fait les révolutionnaires.

Maxime GORKI

Quand on est fort, il faut être bon.

Duc de GRAMONT

Un diplomate est un homme qui sait se taire en plusieurs langues.

Antonio GRAMSCI

La sagesse, en politique, se résume en huit mots : pessimisme de l'intelligence, optimisme de la volonté.

• • •

La vérité est toujours révolutionnaire.

• • •

La liberté, comme concept historique, est la dialectique même de l'Histoire.

Jacques GRAND'MAISON

Les libertés collectives deviennent inséparables des libertés individuelles.

• • •

Je suis d'un pays incertain, sinon impossible, mais c'est le mien.

Bernard GRASSET

La solution de bon sens est la dernière à laquelle songent les spécialistes.

Julien GREEN

L'opinion publique, c'est la sottise en action.

• • •

Être libre, ce n'est pas seulement ne rien posséder, c'est être possédé par rien.

• • •

C'est peut-être la plus grande consolation des opprimés que de se croire supérieurs à leurs tyrans.

GRÉGOIRE XVI

La liberté la plus funeste, la liberté exécrable, pour laquelle on n'aura jamais assez d'horreur... Nous voulons dire la liberté de la presse et de l'édition.

• • •

De la source putréfiée de l'indifférence découle cette maxime absurde et erronée, ou plutôt ce délire : qu'on doit procurer et garantir à chacun la liberté de conscience.

Louis GRESSET

Qui n'ose s'affranchir est digne de ses chaînes.

Alexandre GRIBOÏEDOV

Je serais heureux de servir ; ce qui me répugne, c'est d'être asservi.

Frédéric GRIMM

La passion entraîne et la raison conduit.

Lionel GROULX

Parce qu'il y a notre Histoire, parce qu'il y a la jeunesse, j'espère. J'espère avec tous les ancêtres qui ont espéré ; j'espère avec tous les espérants d'aujourd'hui ; j'espère par-dessus mon temps, par-dessus tous les découragés. Qu'on le veuille ou qu'on ne le veuille pas, notre État français nous l'aurons ; nous l'aurons jeune, fort, rayonnant et beau, foyer spirituel, pôle dynamique pour toute l'Amérique française. Nous aurons aussi un pays qui portera son âme dans son visage. Les snobs, les bonne-ententistes, les défaitistes peuvent nous crier, tant qu'ils voudront : « Vous êtes la dernière génération de Canadiens français... » Je leur réponds avec toute la jeunesse : « Nous sommes la génération des vivants. Vous êtes la dernière génération des morts ! »

• • •

Le Canada français de demain, création originale, sera la chair de votre chair, la fleur de votre esprit... Vous le ferez pour qu'enfin, dans la vie d'un petit peuple qui n'a jamais eu, quoi qu'on dise, beaucoup de bonheur à revendre, il y ait une heure, un jour de saine revanche, où il pourra se dire comme d'autres : « J'ai un pays à moi ; j'ai une âme à moi ; j'ai un avenir à moi. »

• • •

Nous appartenons à ce petit groupe de peuples sur la terre au destin d'une espèce particulière : l'espèce tragique. Pour eux l'anxiété n'est pas de savoir si demain ils seront prospères ou malheureux, grands ou petits mais s'ils seront ou ne seront pas, s'ils se lèveront pour saluer le jour ou rentrer dans le néant.

• • •

Quelle que soit l'horreur des périls où nous sommes,
Ne crains pas, mon pays, les jeunes vont venir !
Ils viennent... c'est leur pas, c'est la moisson des hommes
Qui dore à l'horizon, le champ de l'avenir.

• • •

Un État souverain faisant soi-même et selon ses intérêts et selon ses idéaux, sa propre politique, son économie, ses institutions sociales, maître de l'épanouissement de sa culture, sans les infiltrations malsaines d'une langue et d'un esprit étrangers : bref, et pour finir, un État qui traiterait sur le plan de la souveraineté, avec les États, ses voisins... Qui n'y voit par surcroît, l'acheminement normal, logique, de toute l'Histoire du Canada français ?

Jean GUÉHENNO

L'histoire des hommes n'a jamais été que l'histoire de leur faim.

• • •

L'espèce qui croit aux chefs m'a toujours paru la plus sotte qui soit entre les espèces humaines.

• • •

La vérité est naturellement dans un monde de tricheries la plus grande violence qui soit.

• • •

Les révolutions qui valent sont celles qui ajoutent à la dignité des hommes.

René GUÉNON

L'avis de la majorité ne peut être que l'expression de l'incompétence.

Claude GUILLON

Les peuples idiots n'ont pas d'histoire, ou plutôt ils l'oublient.

François GUIZOT

Les pessimistes ne sont jamais que des spectateurs.

• • •

La force du mal en ce monde est moins redoutable que la faiblesse du bien.

• • •

Le bon sens est le génie de l'humanité.

Mme GUIZOT

La gloire est le superflu de l'honneur, et, comme toutes les autres espèces de superflu, celui-là s'acquiert souvent au détriment du nécessaire.

Paul GUTH

La seule garantie de la vraie démocratie, c'est la sélection. Dégager de la masse une élite, ce levain sans lequel la pâte retombe comme un plomb. Presque toujours cette élite émerge du peuple.

Joseph HANSE

Chez vous, mettre les deux langues sur le même pied équivaut à mettre les deux pieds sur la même langue.

Louise HAREL

En Amérique du Nord, un peuple sans État est un agneau entouré de loups.

Friedrich HEGEL

La politique est la science de la volonté.

HELVÉTIUS

L'art de la politique est de faire en sorte qu'il soit de l'intérêt de chacun d'être vertueux.

• • •

Les hommes sont si bêtes qu'une violence répétée finit par leur paraître un droit.

• • •

Rien n'est plus dangereux que les passions dont la raison conduit l'emportement.

Georges HENEIN

Notre temps est celui où les hommes au cœur pur passent le plus facilement de l'utopie au nihilisme.

Michel HENRY

Le marxisme, c'est l'ensemble des contresens qui ont été faits sur Marx.

HÉRACLITE

Ce qui s'oppose coopère, et de la lutte des contraires procède la plus belle harmonie.

HÉRODOTE

La paix est le temps où les fils enterrent les pères. La guerre est le temps où les pères enterrent les fils.

• • •

Une multitude est sans doute plus facile à leurrer qu'un seul homme.

Édouard HERRIOT

Ceux qui ont conquis la liberté l'ont conquise pour tous.

• • •

La démocratie est une bonne fille ; mais, pour qu'elle soit fidèle, il faut faire l'amour avec elle tous les jours.

• • •

L'homme politique supporte avec plus de peine les succès de ses amis que les succès de ses adversaires.

Adolf HITLER

Si vous désirez la sympathie des masses, vous devez leur dire les choses les plus stupides et les plus crues.

• • •

L'histoire du monde est faite par les minorités.

Paul Henri d'HOLBACH

La religion est l'art d'enivrer les hommes de l'enthousiasme, pour les empêcher de s'occuper des maux dont ceux qui les gouvernent les accablent ici-bas. À l'aide des puissances invisibles dont on les menace, on les force à souffrir en silence les misères dont ils sont affligés par les puissances visibles ; on leur fait espérer que, s'ils consentent à être malheureux en ce monde, ils seront plus heureux dans l'autre.

Friedrich HÖLDERLIN

C'est quand le danger est le plus grand que le salut est le plus proche.

Oliver Wendell HOLMES

Savoir comment on échoue, c'est comprendre comment on réussit.

Michel de l'HOSPITAL

Le couteau vaut peu contre l'esprit.

A. d'HOUDETOT

Je demande qu'on interdise aux menteurs de dire la vérité.

Victor HUGO

La populace ne peut faire que des émeutes. Pour faire une révolution, il faut le peuple.

• • •

L'Histoire a pour égout des temps comme les nôtres.

• • •

Cette grande désespérée, la canaille, proteste, et... la populace livre bataille au peuple.

• • •

En haut, le monde qui marche ; en bas, le monde sur qui l'on marche.

• • •

C'est de l'enfer des pauvres qu'est fait le paradis des riches.

• • •

La Révolution, c'est le changement d'âge du genre humain... C'est la grande crise de la virilité universelle.

• • •

Les révolutions sont ainsi ; formidables liquidations de l'Histoire...

• • •

Cette immense cataracte de la civilisation, qu'on appelle la Révolution française.

• • •

En poussant l'aiguille du cadran vous ne ferez pas avancer l'heure.

• • •

La logique est la géométrie de l'intelligence. Il faut de la logique dans la pensée ; mais on ne fait pas plus de la pensée avec la logique qu'un paysage avec la géométrie.

• • •

La poésie contient la philosophie comme l'âme contient la raison.

• • •

La liberté qui tue un libérateur se suicide.

• • •

Une révolution est un retour du factice au réel.

• • •

Entre les barbares de la civilisation et les civilisés de la barbarie, je choisis les premiers.

• • •

Nous avons des tyrans parce que nous en sommes.

• • •

Bon appétit, messieurs ! Ô ministres intègres !
Conseillers vertueux ! Voilà votre façon
De servir, serviteurs qui pillez la maison.

• • •

Le grand péril et le grand problème de la situation actuelle, c'est la vieillesse des choses aux prises avec la nouveauté des idées.

• • •

Changez d'opinions, gardez vos principes ; changez de feuilles, gardez vos racines.

• • •

Préférer la consigne à la conscience ?
Non.

• • •

Voir de près, haletants sous la main qui les pique,
Les ministres traîner la machine publique,
Charrue embarrassée en des sillons bourbeux
Dont nous sommes le soc et dont ils sont les bœufs.

• • •

Souvent un cri du cœur sorti d'une humble bouche
Désarme, impérieux, une foule farouche.

• • •

Je traduirai les grondements, les murmures, la rumeur des foules, les plaintes mal prononcées, les voix inintelligibles, et tous ces cris de bêtes qu'à force d'ignorance et de souffrances on fait pousser aux hommes.

• • •

Le peuple est un silence. Je serai l'immense avocat de ce silence. Je parlerai pour les muets. Je parlerai des petits aux grands et des faibles aux puissants.

• • •

L'ordre est une tranquillité violente.

• • •

Dans ce siècle où par l'or les sages sont distraits,
Où l'idée est servante auprès des intérêts.

• • •

Tandis que ce conseil hésite, attend, varie,
Je vois poindre une larme aux yeux de la patrie.

• • •

Je ne suis pas un homme politique, moi, je suis un
homme libre.

• • •

Je n'ai pas d'ennemis quand ils sont malheureux.

• • •

Ô République universelle,
Tu n'es encor que l'étincelle,
Demain tu seras le soleil !...

• • •

Les siècles devant eux poussent, désespérées,
Les révolutions, monstrueuses marées,
Océans faits des pleurs de tout le genre humain.

• • •

Les révolutions...
N'ont mis que la moitié de l'homme en liberté.

• • •

En révolution, rien de redoutable comme la ligne droite.

• • •

L'utopie, c'est l'avenir qui s'efforce de naître. La routine,
c'est le passé qui s'obstine à vivre. J'aime mieux le mal
d'enfant que le mal de mort.

• • •

Les hommes comme moi sont impossibles jusqu'au
jour où ils sont nécessaires.

• • •

Les diplomates trahissent tout, excepté leurs émotions.

• • •

Savoir au juste la quantité d'avenir qu'on peut intro-
duire dans le présent, c'est là tout le secret d'un grand
gouvernement.

• • •

Les grands hommes sont les coefficients de leur siècle.

• • •

Le plus fort est celui qui tient sa force en bride.

• • •

Sans cesse le progrès, roue au double engrenage,
Fait marcher quelque chose en écrasant quelqu'un.

• • •

Quand le peuple sera intelligent, alors seulement le
peuple sera souverain.

• • •

La civilisation, c'est un serpent qui se mord la queue.

• • •

Le progrès, ténébreuse abeille fait du bonheur avec
nos maux.

• • •

Un jour viendra où l'on montrera un canon dans les
musées comme on y montre aujourd'hui un instrument
de torture, en s'étonnant que cela ait pu être.

• • •

L'homme est fait non pour traîner des chaînes mais
pour ouvrir des ailes.

• • •

Perdre la partie et gagner la revanche, en d'autres
termes, avoir tort le premier jour et raison le second,
voilà l'histoire de tous les grands apporteurs de vérités.

• • •

Mais ce qu'on ne saurait refaire, c'est la flamme
Qui dans ce petit peuple a mis une grande âme.

• • •

Rien ne peut arrêter la force d'une idée qui vient à
point.

• • •

L'or peut faire reculer une révolution, mais il ne l'em-
pêchera jamais de vaincre.

• • •

Patrie, ô mon autel ! Liberté, mon drapeau !

• • •

La tutelle cesse de plein droit à la majorité du mineur, que le mineur soit un enfant ou qu'il soit un peuple. Toute tutelle prolongée au-delà de la minorité est une usurpation ; l'usurpation qui se fait accepter par habitude ou tolérance est un abus ; l'usurpation par la force est un crime. Ce crime, partout où je le vois, je le dénonce.

• • •

Quand je ne serai plus, on verra qui j'étais !

Johan HUIZINGA

Les meneurs d'hommes ne sont que feuilles et brindilles sur le fleuve éternel et insondable de l'Histoire immanente.

Thomas HUXLEY

Toute nouvelle vérité commence par être hérétique.

Dolorès IBARRURI

Mieux vaux mourir debout que vivre à genoux !

IBN SÉOUD

Tout est moyen, même l'obstacle.

Henrik IBSEN

Les vérités ne sont admises par les majorités que quand elles sont épuisées.

Eugène IONESCO

Vouloir être de son temps, c'est déjà être dépassé.

JACKSON

Un seul homme courageux pèse autant qu'une majorité.

Edmond JALOUX

Les peuples ne disparaissent point, comme on le croit, parce qu'ils sont vaincus ou conquis, mais bien parce qu'ils se suicident.

Jean JAURÈS

Les puissants se servent des institutions mêmes qui établissent la liberté de principe pour faire régner l'inégalité de fait dans le cadre de la loi.

• • •

La révolution, c'est la fin des vieilles chansons qui ont bercé la misère humaine.

• • •

Sur l'autel du passé, il faut prendre le feu et non pas les cendres.

• • •

Un seul mensonge mêlé parmi les vérités les faits suspecter toutes.

• • •

L'idée, c'est d'aller à l'idéal et de comprendre le réel.

JEAN XXIII

Personne ne veut être soumis à des pouvoirs politiques étrangers à sa communauté ou à son groupe ethnique.

• • •

Pour imprimer aux relations sociales des hommes modernes un caractère pleinement humain, il faut « la vérité comme fondement des relations, la justice comme règle, l'amour mutuel comme moteur et la liberté comme climat ».

JEAN-PAUL II

Que toutes les nations, même les plus petites, même celles qui ne jouissent pas encore d'une pleine souveraineté et celles à qui on l'a dérobée par la force, puissent être intégrées dans une pleine égalité avec les autres nations de l'Organisation des Nations unies.

• • •

La vérité ne saurait être mesurée par l'opinion de la majorité.

• • •

L'une des plus grandes injustices du monde contemporain consiste dans le fait qu'il y a relativement peu de personnes qui possèdent beaucoup, tandis que beaucoup ne possèdent presque rien.

Henri JEANSON

La liberté c'est un mot qui a fait le tour du monde et qui n'en est pas revenu.

• • •

J'étais en prison. Là, au moins, j'étais libre.

Thomas JEFFERSON

Le meilleur gouvernement est celui qui gouverne le moins.

• • •

Je tremble pour mon pays quand je pense que nous pourrions avoir les leaders que nous méritons.

• • •

L'homme qui ne craint pas la vérité n'a rien à craindre du mensonge.

• • •

Le prix de la liberté, c'est une éternelle vigilance.

• • •

Se révolter contre la tyrannie, c'est obéir à Dieu.

JÉSUS-CHRIST

Voici que je vous envoie comme des brebis au milieu des loups. Soyez donc prudents comme des serpents, et simples comme des colombes.

Daniel JOHNSON

Après trois siècles de labeur, notre nation a bien mérité de vivre librement... Ce qui implique qu'on lui reconnaisse l'égalité complète. Sinon, il faudra bien faire l'indépendance du Québec.

• • •

Ou bien nous serons maîtres de nos destinées dans le Québec et partenaires égaux dans la direction des affaires du pays, ou bien ce sera la séparation complète. Égalité ou indépendance.

Guy JORON

Il est plus important d'être chez soi chez soi que chez soi chez les autres.

Joseph JOUBERT

En politique, il faut toujours laisser un os à ronger aux frondeurs.

• • •

La liberté est un tyran qui est gouverné par ses caprices.

• • •

Il y a plus de force dans un mensonge passionnément cru que dans une vérité raisonnée.

• • •

Il est toujours préférable de discuter une question sans la régler que la régler sans la discuter.

• • •

On peut convaincre les autres par ses propres raisons ; mais on ne les persuade que par les leurs.

Bertrand de JOUVENEL

Un peuple de moutons finit par engendrer un gouvernement de loups.

James JOYCE

L'Histoire est un cauchemar dont je cherche à m'éveiller.

Francisco JULIAO

Même si parmi vous d'aucuns ne la comprennent pas ou voudraient l'ignorer, la Révolution existe en tant que processus dialectique de perfectionnement des sociétés et des institutions. Siècle après siècle, décennie après décennie, l'homme perd sa barbarie et devient plus solidaire. C'est la Révolution qui accomplit cette œuvre. Aussi est-elle autour de nous et en nous. La Révolution rappelle ces fruits qui éclatent une fois mûrs et répandent leurs semences sur la terre. Son visage a une beauté et un attrait irrésistibles. Tout le monde veut le contempler, quitte à risquer la prison et la mort. La Révolution est inévitable et nécessaire comme la naissance d'un enfant, parce que comme l'enfant, c'est la vie qui se révèle, c'est l'humanité qui chemine...

Marcel JULLIVAN

Ceux qui gouvernent ne sont pas visibles et ceux qui sont visibles ne gouvernent pas.

JUVÉNAL

Hoc volo, sic jubeo, sit pro ratione voluntas :
Je le veux, je l'ordonne, et que ma volonté tienne lieu de raison.

KALEB VIÉKOSLAV

Rien ne pose tant d'obligations à l'individu que la liberté.

Emmanuel KANT

Si tu te fais ver de terre, ne te surprends pas si on t'écrase avec le pied.

Alphonse KARR

Ceux qui crient contre les abus ne les combattent pas pour les détruire, mais pour les confisquer à leur profit.

• • •

La vanité est l'écume de l'orgueil.

• • •

La propriété est un piège : ce que nous croyons posséder nous possède.

• • •

Les fonctionnaires sont comme les livres d'une bibliothèque : les plus haut placés sont ceux qui servent le moins.

John F. KENNEDY

Le vrai politique, c'est celui qui sait garder son idéal tout en perdant ses illusions.

• • •

Si la société libre ne parvient pas à améliorer le sort de la majorité des pauvres, elle ne pourra pas sauver la minorité des riches.

• • •

Nous ne devons jamais négocier sous la peur, mais nous ne devons jamais avoir peur de négocier.

• • •

La victoire a toujours plusieurs pères, mais la défaite est orpheline.

• • •

Ceux qui ne veulent pas rendre possible la révolution pacifique, rendent la révolution violente inévitable.

Robert KENNEDY

Certains voient les choses comme elles sont et disent : pourquoi ? D'autres les voient comme elles pourraient être et disent : pourquoi pas ?

Rudyard KIPLING

On ne paie jamais trop cher le privilège d'être son propre maître.

Abe KOBO

La liberté ne consiste pas seulement à suivre sa propre volonté, mais aussi parfois à la fuir.

Ignacy KRASICKI

Mieux vaut se disputer à l'air libre qu'être d'accord derrière des barreaux.

LA BEAUMELLE

Il y a peut-être plus d'hommes qui ont manqué aux occasions qu'il n'y en a eu à qui les occasions ont manqué.

Marie LABERGE

La patrie, c'est un peu de terre au creux de la mémoire, c'est un coin de chaleur au désert des hivers.

Eugène LABICHE

Il y a des circonstances où le mensonge est le plus saint des devoirs.

Jean de LA BRUYÈRE

On juge du peu de cas que fait la Providence des richesses de ce monde quand on voit à qui elle les donne.

• • •

Il y a une espèce de honte d'être heureux à la vue de certaines misères.

• • •

Les postes éminents rendent les grands hommes encore plus grands, et les petits hommes beaucoup plus petits.

Henri LACORDAIRE

Entre le faible et le fort, c'est la liberté qui opprime et c'est la loi qui libère.

• • •

On ne peut régner sur les hommes quand on ne règne pas sur leurs cœurs.

• • •

Partout où l'homme veut se vendre, il trouve des acheteurs.

• • •

La mort est l'arme dernière du juste contre la tyrannie.

• • •

L'homme juste est celui qui mesure son droit à son devoir.

• • •

Tant qu'il reste une âme juste avec des lèvres hardies, le despotisme est inquiet.

• • •

Entre le passé où sont nos souvenirs et l'avenir où sont nos espérances, il y a le présent où sont nos devoirs.

Jean LACROIX

La révolution, c'est la conjonction des intellectuels et des ouvriers.

• • •

Comme le bourgeois est l'avoir sans être, le prolétariat est l'être sans avoir. Les prolétaires sont l'inquiétude du monde parce qu'ils en sont la souffrance...

• • •

La philosophie est la tête de l'émancipation humaine, le prolétariat en est le cœur.

• • •

L'union de l'humanité souffrante qui pense et de l'humanité pensante qui souffre renversera l'ancien monde et donnera son sens positif au nouveau monde.

LA FONTAINE

La raison du plus fort est toujours la meilleure.

François-Joseph LA GRANGE-CHANCEL

Songez qu'il est des temps où tout est légitime,
Et que si la patrie avait besoin d'un crime
Qui pût seul relever son esprit abattu,
Il ne serait plus crime et deviendrait vertu.

LAMARTINE

Les utopies ne sont souvent que des vérités prématurées.

• • •

Les mêmes souffrances unissent mille fois plus que les mêmes joies.

• • •

L'égoïsme et la haine ont seuls une patrie ; la fraternité n'en a pas.

• • •

L'émotion est la conviction des masses.

• • •

Dans tous les temps, les plus grands crimes ont été commis au nom des lois.

• • •

La liberté du faible est la gloire du fort.

• • •

Quand notre société sera mieux faite, nous n'aurons pas si souvent à la défendre.

• • •

Malheur aux gouvernements qui rangent les bons sentiments d'un pays dans l'opposition.

• • •

Rien n'est vrai, rien n'est faux ; tout est songe et mensonge.

• • •

Un grand peuple sans âme est une vaste foule.

• • •

Quand Dieu veut qu'une idée fasse le tour du monde, il l'allume dans le cœur d'un Français.

Félicité de LAMENNAIS

La liberté veut être conquise, jamais elle n'est concédée volontairement.

• • •

L'expérience, c'est le passé qui parle au présent.

• • •

Le vrai danger en politique n'est pas de céder à la nécessité mais d'y résister.

• • •

La popularité est comme l'air : une force qui l'élève, mais qui ne porte pas.

• • •

Les grands hommes « sont élus par les événements auxquels ils doivent commander ».

Charles LAMESLE

Dans beaucoup de prudence il y a toujours un peu de lâcheté.

Maurice LAMONTAGNE

Tandis que la démocratie exclusivement politique se fonde sur la liberté pour aboutir à l'inégalité, le communisme se fonde sur l'égalité pour aboutir à la dictature.

Étienne LAMY

Le grand art en politique, ce n'est pas d'entendre ceux qui parlent, c'est d'entendre ceux qui se taisent.

André LANGEVIN

La grandeur verbale est le mauvais vin des peuples faibles.

Gilbert LANGEVIN

Je ne veux pas mourir avant d'avoir connu l'avenir.

LAO TSEU

Aussi la politique des sages consiste-t-elle à vider les esprits des hommes et à remplir leurs ventres, à affaiblir leur initiative et à fortifier leurs os. Leur soin constant est de tenir le peuple dans l'ignorance et l'apathie.

• • •

Quand un peuple est difficile à gouverner, c'est qu'il en sait trop long. Celui qui prétend procurer le bien d'un pays en y répandant l'instruction, celui-là se trompe et ruine ce pays. Tenir le peuple dans l'ignorance, voilà qui fait le salut d'un pays.

J. William LAPIERRE

Une société sans État est une société sans défense.

LA ROCHEFOUCAULD

On peut être plus fin qu'un autre, mais non pas plus fin que tous les autres.

• • •

C'est une grande folie que de vouloir être sage tout seul.

• • •

Les passions sont les seuls orateurs qui persuadent toujours.

• • •

La vertu n'irait pas loin si la vanité ne lui tenait compagnie.

• • •

Les vertus se perdent dans l'intérêt comme les fleuves dans la mer.

• • •

La gloire des grands hommes se doit toujours mesurer aux moyens dont ils se sont servis pour l'acquérir.

• • •

Il n'appartient qu'aux grands hommes d'avoir de grands défauts.

LA ROCHEJAQUELEIN

Si j'avance, suivez-moi.
Si je recule, tuez-moi.
Si je meurs, vengez-moi.

Louis LATZARUS

En démocratie, la politique est l'art de faire croire au peuple qu'il gouverne.

André LAURENDEAU

La vie est préférable à la survie, mais il faut en accepter la condition : la liberté.

Sir Wilfrid LAURIER

Les Canadiens français n'ont pas d'opinions, ils n'ont que des sentiments.

• • •

Le Canada est un pays anglais.

• • •

Nous sommes l'adversaire du projet de Confédération, projet faux dans sa conception, inique, immoral et cruel dans ses détails.

Camille LAURIN

Si on déclare inconstitutionnel ce qui est normal, c'est la constitution qui est anormale.

• • •

100

La politique, ça peut enivrer comme un vin si on n'y fait pas attention.

• • •

Il n'est plus question d'être plus ou moins autonome ; il est question désormais d'être ou de n'être pas.

Morvan LEBESQUE

La liberté est le premier concret, le pain ne vient qu'après : on respire avant de manger.

Gustave LE BON

Les peuples se passent facilement de vérités. Ils ne vivent pas sans idoles.

• • •

En politique, le recul devant un danger a pour résultat de grandir le danger.

• • •

La compétence sans autorité est aussi impuissante que l'autorité sans compétence.

• • •

Les révolutions qui commencent sont des croyances qui finissent.

• • •

On domine plus facilement les peuples en excitant leurs passions qu'en s'occupant de leurs intérêts.

• • •

Les révolutions n'ont généralement pour résultat immédiat qu'un changement de servitude.

Félix LECLERC

La seule misère ici-bas, c'est de ne pas avoir de pays.

• • •

Ventre plein n'a pas de rage.

Jacques LECLERC

Construire un monde est plus beau que d'être gardien de musée.

Jean Claude LECLERC

Les peuples libres doivent apprendre à se défaire de leurs sauveurs.

• • •

Tout bon gouvernement doit passer la moitié de son temps et de ses mesures à corriger ses propres erreurs.

Marie LECZINSKA

Tirer vanité de son rang, c'est avertir qu'on est au-dessous.

Louis LE FUR

Il n'y a pas plus de souveraineté absolue pour les États qu'il n'y a de liberté absolue pour les individus.

Jean-Marc LÉGER

La démocratie réside probablement beaucoup plus dans le climat moral d'un pays, dans ses mœurs et son style de vie, qu'elle ne se définit par référence à son régime politique.

• • •

Loin d'être la chimère ou la folle aventure que certains décrivent, l'indépendance est le seul aboutissement logique de notre histoire, la condition absolue d'une vie normale, hors de quoi la lutte pour la survivance ne serait qu'un combat d'arrière-garde et un odieux mensonge.

• • •

Le choix à opérer n'est pas entre le Québec et le Canada, mais entre le Québec et le néant.

• • •

Le fatalisme n'est rien d'autre que l'alibi de la démission.

Cardinal Paul-Émile LÉGER

Les seules raisons de vivre sont celles pour lesquelles il vaut la peine de mourir.

Pierre LE GRAND

Quiconque se souvient de l'ancien état de choses, qu'on lui arrache les yeux !

Roger LEMELIN

Le progrès, ce n'est pas la liberté, c'est le courage d'en user.

LÉNINE

Tandis que l'État existe, pas de liberté ; quand régnera la liberté, il n'y aura plus d'État.

• • •

Quand on marche indéfiniment vers l'est, on se retrouve à l'ouest.

• • •

La révolution est une longue patience.

• • •

Une révolution éclate quand on ne peut plus en haut et qu'on ne veut plus en bas.

• • •

Les intellectuels sont des bacilles révolutionnaires.

• • •

Chaque cuisinière doit apprendre à gouverner l'État.

H.R. LENORMAND

Si les passions et les rêves ne pouvaient pas créer des avenirs nouveaux, la vie ne serait qu'une duperie insensée.

Pierre L'ERMITE

Qu'est-ce que le progrès ? C'est, sur l'arbre de la tradition... pousser une branche nouvelle.

Alain René LESAGE

La justice est une si belle chose qu'on ne saurait trop l'acheter.

• • •

On nous réconcilia : nous nous embrassâmes et depuis ce temps-là nous sommes ennemis mortels.

Jean LESAGE

Jamais l'État du Québec ne se fera complice de la propagation de l'athéisme, cette maladie de l'esprit qu'il faut, certes, traiter avec justice, mais non pas favoriser par un traitement d'exception, en trahissant la presque totalité d'un peuple qui se veut en possession tranquille de la vérité.

• • •

Si le Québec se retire de la Confédération, c'est qu'on n'aura pas su l'y garder.

• • •

Comment voulez-vous que j'aille expliquer ça à des non-instruits ?

• • •

La Reine ne négocie pas avec ses sujets.

Ferdinand de LESSEPS

Plus le but est loin, plus il faut viser haut.

• • •

Nos adversaires sont des précepteurs qui ne nous coûtent rien.

Père Georges-Henri LÉVESQUE

La liberté aussi vient de Dieu.

104

René LÉVESQUE

L'inégalité, c'est le risque permanent du mépris.

• • •

Il faut commencer par s'appartenir. Ensuite, on devient un chantier de choses nouvelles, sans se prendre pour des prophètes des temps nouveaux.

• • •

Une société, pas plus qu'une femme, ne peut demeurer indéfiniment enceinte : il faut qu'elle accouche ou qu'elle avorte.

• • •

C'est arrivé en Scandinavie : Danois, Suédois et Norvégiens se chicanaient quand ils faisaient partie du même pays ; ils s'entendent à merveille depuis qu'ils ont formé trois États souverains... Et les vaches sont drôlement mieux gardées !...

• • •

L'indépendance, c'est le saut que doit faire le Québec hors de la « survivance » pour entrer dans l'existence normale... Sinon, ce qui nous attend, c'est l'extinction graduelle, avec tous les soubresauts de violence anarchique qui accompagnent l'agonie insensée d'un organisme bâti pour vivre.

• • •

Oser vivre, ce n'est pas la fin du monde. Juste d'un monde.

• • •

À côté de la rage de vivre, il paraît qu'il existe en chacun de nous, comme un soleil noir, un instinct de mort. Les peuples aussi ont leur goût du suicide à côté du besoin de continuer.

• • •

En devenant souverain, le Québec deviendrait l'une des sept ou huit sociétés les plus riches du monde.

• • •

Risque permanent et universel de la gauche : partir pour la gloire comme cet oiseau légendaire qui avait des ailes immenses... mais pas de pattes pour atterrir !

• • •

Comme la gloire, le déshonneur passe vite.

• • •

Le monde idéal, ce sera toujours un horizon qui recule à mesure qu'on avance.

• • •

Gare aux simplistes qui ignorent les contraintes de la réalité et aux extrémistes qui confondent l'anarchie avec le progrès.

Duc de LÉVIS

L'égalité est au cimetière ; elle n'est que là.

Claude LÉVI-STRAUSS

Notre civilisation s'est persuadée, en fait depuis les Grecs, qu'il existe une correspondance entre une pensée rationnelle, un discours logique et l'ordre du monde ; qu'une pensée bien conduite coïncide nécessairement avec le réel... Autour de mes vingt ans, j'avais la naïveté de croire qu'en raisonnant bien on peut fabriquer une société bonne. Pas plus que l'ordre du monde, l'ordre social ne se plie aux exigences de la pensée.

Abraham LINCOLN

Il ne faut pas changer d'attelage en traversant une rivière.

• • •

On peut tromper une partie du peuple tout le temps et tout le peuple une partie du temps, mais on ne peut pas tromper tout le peuple tout le temps.

• • •

Non seulement les peuples ont le droit légal de renverser le gouvernement par les moyens légaux, mais encore ils ont le droit révolutionnaire de les renverser par les moyens révolutionnaires !

• • •

Ce pays et ses institutions appartiennent aux citoyens. S'ils en viennent à se dégoûter du régime existant, libre à eux d'exercer leur droit constitutionnel de le modifier, ou leur droit révolutionnaire de le renverser.

• • •

Ce gouvernement du peuple, par le peuple, pour le peuple, ne disparaîtra pas de la surface de la terre.

• • •

Un bulletin de vote est plus fort qu'une balle de fusil.

• • •

Aucun homme n'a assez de mémoire pour réussir dans le mensonge.

Antoine LOISEL

Si veut le roi, si veut la loi.

Ivan Matteo LOMBARDO

Une tête peut servir à la réflexion aussi bien qu'à la guillotine.

Gérard LONGUET

Je prends mon temps sans le perdre.

Chevalier de LORIMIER (patriote de 1837)

Puissent mon exécution et celle de mes compagnons d'échafaud vous être utiles... Vive la liberté ! Vive l'indépendance !

Baron LOUIS

L'État doit être le plus honnête homme de France.

LOUIS XIV

Celui qui ne sait pas dissimuler ne sait pas régner.

• • •

Dans chaque traité, insérez une clause qui puisse être violée facilement, de telle façon que l'accord puisse être rompu au cas où les intérêts de l'État le rendraient nécessaire.

• • •

Tout l'art de la politique est de se servir des conjonctures... Nous devons aux règles mêmes et aux exemples l'avantage de nous pouvoir passer des exemples et des règles.

• • •

L'État c'est moi.

• • •

Chaque fois que je donne une place vacante, je fais cent mécontents... et un ingrat.

• • •

Quand on peut tout ce que l'on veut, il n'est pas aisé de ne vouloir que ce que l'on doit.

• • •

Le sang de nos ennemis est toujours le sang des hommes. La vraie gloire, c'est de l'épargner.

• • •

Souvent notre impatience recule par trop d'ardeur les choses qu'elle veut avancer.

Doris LUSSIER

J'avais quelques demi-idées dont mes contemporains ne m'auraient pas pardonné de cacher la lumière sous le boisseau d'une humilité coupable. Je les leur livre ici avec la satisfaction du plaisir accompli !

L'explication des déboires et malheurs de l'humanité réside dans le fait que Dieu n'a pas donné assez d'intelligence à l'homme pour ce qu'il lui a laissé de liberté.

• • •

Entre la gauche et la gaucherie il n'y a qu'un pas —
qu'elle a souvent franchi.

• • •

Le vrai révolutionnaire, c'est celui qui possède l'audace
de la justice dans les limites de la prudence.

• • •

Je suis un révolutionnaire conservateur. Je suis prêt à
changer tout ce qui doit être changé, mais je tiens à
conserver tout ce qui mérite d'être gardé. Une révolution n'est souvent qu'une tradition qui change de
forme sans changer de substance.

• • •

C'est l'injustice qui est la mère de la violence et de
l'anarchie, et non la colère des exploités. C'est la
violence du désordre établi qui provoque celle de ses
victimes.

• • •

On peut changer d'idée sans changer d'idéal.

• • •

C'est normal que le cœur soit à gauche. Mais la tête,
elle, est au centre et au-dessus.

• • •

Il y a des parasites de la révolution comme il y a ceux
de l'ordre établi : en général ce sont les mêmes.

• • •

Il y a trop de gens dans le monde qui vivent sans travailler, et beaucoup trop qui travaillent sans vivre.

• • •

Quand la liberté conduit à la laideur, c'est une liberté
laide. Quand la liberté conduit à la crasse, c'est une
liberté sale. Quand la liberté conduit à la drogue, c'est
une liberté polluante. Quand la liberté conduit à l'as-
servissement de la personne humaine par les puissances d'argent, c'est une liberté liberticide : celle du
renard dans le poulailler.

• • •

Quand les peuples ont-ils réclamé la liberté si ce n'est
pour changer de servitude ?

• • •

Il y a deux façons de vouloir l'égalité : dans la liberté — et alors, c'est la démocratie —, et dans l'esclavage — et alors, c'est le totalitarisme.

• • •

Pour un peuple, la liberté, c'est plus qu'un droit, c'est un devoir.

• • •

La révolution, c'est l'impatience de la justice.

• • •

Il est beau de mourir pour une idée, mais on ne doit jamais tuer pour elle.

• • •

La plus grande victoire, c'est de sortir vainqueur d'une défaite.

• • •

Vendre l'avenir pour acheter le présent, c'est mauvaise politique.

• • •

Quand une révolution avorte, cela donne une irrévolution.

• • •

On a non seulement les idées de son âge, on a l'âge de ses idées. C'est pourquoi il y a en politique des octogénaires de vingt ans et des jeunes qui sont des croulants.

• • •

Il y a deux choses qui transforment les honnêtes gens en voleurs : l'extrême pauvreté et l'extrême richesse.

• • •

Quand l'injustice devient insupportable, il arrive que les victimes deviennent les bourreaux.

• • •

Il y a tant de vérités qui mentent ; pourquoi n'y aurait-il pas des mensonges qui disent vrai ?

• • •

Les parties politiques, comme les armées de Napoléon, ont leurs grognards. Et ce ne sont pas leurs moins bons soldats.

• • •

Une des preuves les plus fortes que la démocratie est naturelle à l'homme, c'est que tant de démocrates n'aient pas encore réussi à la tuer.

• • •

Toute révolution est une réaction violente contre la lenteur d'une évolution nécessaire.

• • •

Puisque gouverner, c'est prévoir, le réalisme, en politique, ça consiste à partir de l'avenir !

• • •

La démocratie existe quand les maîtres que se donnent les citoyens en sont aussi les serviteurs.

• • •

Il n'y a que le passé qui soit irréversible.

• • •

La plupart des gens veulent trop ce qu'ils ne peuvent pas, et pas assez ce qu'ils pourraient.

• • •

Il y a deux sortes de révolutionnaires : les positifs, qui cherchent des solutions aux difficultés ; et les anarchistes, qui cherchent des difficultés aux solutions.

• • •

Toutes les révolutions commencent par la ferveur de la justice et finissent dans l'ennui de la bureaucratie.

• • •

Bien sûr, la liberté est la réalité centrale, l'« idée-horizon » de la démocratie. Mais la liberté, comme d'autres vertus, peut facilement devenir folle. Et alors le libéralisme devient « le despotisme de la liberté » ou se transforme en « tyrannie de la majorité ».

• • •

Quand la politique ne se fait pas au gouvernement, elle se fait dans la rue.

• • •

Sans des règles qui en limitent l'usage, la liberté se tue elle-même.

• • •

Méfions-nous des démons de l'avant-garde ; ils ont pour nous des tentations néfastes dont surtout celle de vouloir raccourcir le chemin qui mène à la justice en faisant de la révolution une violence. Le sang des hommes est plus précieux que les structures des cités.

• • •

En politique, c'est toujours le gouvernement qui a les problèmes et l'opposition qui a les solutions.

• • •

La tâche du politique prudent consiste, à la lumière du passé, à gérer le présent et à ensemencer le futur.

• • •

Quand le cœur monte à la tête, cela fait un intellectuel de gauche.

• • •

La gauche et la droite sont les ailes de la politique ; sans elles, elle ne s'élèverait pas bien haut.

• • •

Le comédien, lui, n'a qu'à émouvoir ; le politique doit, en plus, convaincre.

• • •

Il y a des idées avancées qui font reculer la société.

• • •

L'anarchisme des artistes, c'est inoffensif, mais les artistes de l'anarchisme, eux, sont dangereux : ils ne font pas que de la poésie révolutionnaire, ils posent des bombes.

• • •

Quand on a réussi à faire croire à l'esclave que ses chaînes sont disparues, il ne croit plus à la liberté.

• • •

La Confédération, c'est pas un dogme ; la constitution, c'est pas un sacrement.

• • •

Une nation d'un million d'âmes a plus de chances de garder sa liberté si elle a un État souverain pour la protéger qu'une nation de cinq millions qui dépend d'un pouvoir qui ne lui appartient pas.

• • •

Une nation, c'est une famille de familles qui se ressemblent et se rassemblent dans la communion à la même culture.

• • •

À plus ou moins longue échéance, le choix du Québec est simple : c'est l'indépendance ou la Louisiane.

• • •

Rater l'indépendance la veille de sa réalité, après quatre cents ans d'attente, c'est traverser l'océan pour échouer dans le port.

• • •

Il arrive qu'absorbé par la digestion de son bien-être économique un peuple ne voie pas l'urgence de sa liberté politique. Le confort matériel anesthésie la volonté de la liberté.

• • •

L'indépendance, c'est toujours l'interdépendance.

• • •

La souveraineté, ce n'est pas seulement une bonne idée, c'est une bonne affaire.

• • •

Le pouvoir canadien invoque une *raison d'État* pour justifier son autorité légale sur le Québec. Nous, nous avons la *raison de nation* pour justifier son indépendance. L'État n'est qu'une structure juridique et la nation est une communauté de chair et de sang faite d'hommes et de femmes soudés ensemble par une culture, une histoire et une liberté à conquérir. Laquelle des deux raisons est la meilleure ? Répondez, politiques !

• • •

C'est un paradoxe de l'Histoire que notre nation se trouve aujourd'hui à la fois si proche de l'indépendance qui est sa vie et de l'assimilation qui est sa mort.

• • •

Sisyphe moderne, le Québec dans la Confédération canadienne est condamné par le système lui-même à toujours recommencer et à ne jamais réussir une libération que seule l'indépendance peut lui donner.

• • •

La souveraineté, c'est le contraire du droit des peuples à disposer des autres.

• • •

Mieux vaut être des amis séparés que des frères ennemis.

• • •

Si nous n'avons pas l'intelligence et le courage de notre liberté, nous ne la méritons pas.

• • •

Et dans le grand cimetière de l'Histoire, on lira sur notre épitaphe : « Ci-gît la nation québécoise, morte de peur de sa liberté. »

Martin LUTHER

L'humanité est comme un paysan ivre à cheval ; quand on la relève d'un côté, elle tombe de l'autre.

Rosa LUXEMBOURG

La liberté, c'est aussi la liberté de celui qui pense autrement.

Maréchal LYAUTEY

Une guerre entre Européens, c'est une guerre civile.

• • •

Savoir, savoir faire et savoir faire faire.

• • •

Chauffeur, allez lentement : nous sommes pressés.

Sir John A. MACDONALD

Traitez les Canadiens français comme une nation et ils se comporteront comme le font généralement les peuples libres : avec générosité. Traitez-les comme une faction et ils deviendront factieux.

• • •

En laissant pourrir un problème, il se règle tout seul.

Nicolas MACHIAVEL

Il faut donc qu'un prince qui veut se maintenir apprenne à ne pas être toujours bon, et en user bien ou mal, selon la nécessité.

• • •

Les troubles sont le plus souvent excités par ceux qui possèdent : la crainte de perdre fait naître dans les cœurs les mêmes passions que le désir d'acquérir.

• • •

Les grands hommes appellent honte le fait de perdre et non celui de tromper pour gagner.

• • •

Une chose qui ne sert à rien et qui nuit toujours, c'est de se faire haïr.

• • •

Les hommes prudents savent se faire toujours un mérite de ce que la nécessité les contraint de faire.

• • •

Dans les républiques bien constituées, l'État doit être riche et les citoyens pauvres.

• • •

Il y a de bonnes lois là où il y a de bonnes armes.

• • •

La politique ne consiste pas à choisir entre le bien et le mal, mais entre le pire et le moindre mal.

• • •

Un prince est souvent obligé, pour maintenir l'État, d'agir contre l'honnêteté, contre la charité, contre l'humanité, contre la religion.

• • •

Gouverner, c'est faire croire.

• • •

J'estime qu'il vaut mieux employer la fougue que la prudence. La nature est femme : il est indispensable pour la dominer, de la battre, de la bousculer. Elle cède plus volontiers aux hommes de cette trempe qu'aux froids calculateurs. C'est aussi pourquoi, en tant que femme, elle préfère les jeunes gens qui la traitent avec moins de respect, avec plus de feu et d'audace.

Hugh MACLENNAN

Les bonnes clôtures font les bons voisins.

Joseph de MAISTRE

La guerre est divine en elle-même, puisque c'est une loi du monde.

• • •

Il faut prêcher sans cesse aux peuples les bienfaits de l'autorité et aux rois les bienfaits de la liberté.

• • •

Nul ne sait ce qu'est la guerre s'il n'y a son fils.

André MALRAUX

Le difficile n'est pas d'être avec ses amis quand ils ont raison, mais quand ils ont tort.

• • •

On ne va jamais aussi loin que lorsqu'on ne sait pas où l'on va.

• • •

Il n'y a pas cinquante manières de combattre, il n'y en a qu'une : c'est d'être vainqueur.

• • •

Le tombeau des héros est le cœur des vivants.

• • •

La liberté appartient à ceux qui l'ont conquise.

• • •

Le Christ est un anarchiste qui a réussi. C'est le seul.

• • •

Le pouvoir doit se définir par la possibilité d'en abuser.

• • •

L'homme est ce qu'il fait.

• • •

Mai 68, en France. Une étudiante de Nanterre : « Savoir ce que nous voulons, ce serait déjà commencer à s'embourgeoiser. » L'idée que recouvre cette phrase, c'est celle de la fécondité du chaos à l'état pur, idée qui a toujours fasciné le sombre peuple du drapeau noir, et d'abord les nihilistes russes.

• • •

Dans le domaine de l'Histoire, le premier fait capital de ces vingt dernières années, c'est le primat de la nation.

• • •

Qu'était la liberté de l'homme sinon la conscience et l'organisation de ses fatalités ?

• • •

La révolution, c'est les vacances de la vie.

Henri de MAN

La révolution, c'est la révolte du devenir contre le devenu.

Cardinal MANNING

On ne prêche pas la vertu devant des estomacs vides.

MAO TSÊ-TUNG

Chaque communiste doit s'assimiler cette vérité que le pouvoir est au bout du fusil.

• • •

Tous les réactionnaires sont des tigres en papier.

• • •

Il n'y a pas de routes droites dans le monde.

• • •

On ne peut abolir la guerre que par la guerre. Pour qu'il n'y ait plus de fusils, il faut prendre le fusil.

• • •

La politique est une guerre sans effusion de sang, et la guerre une politique avec effusion de sang.

Jean-Paul MARAT

Pour enchaîner les peuples, on commence par les endormir.

• • •

La trop grande sécurité des peuples est toujours l'avant-coureur de leur servitude.

MARC AURÈLE

Il ne faut pas en vouloir aux événements.

• • •

Il faut avoir la patience d'accepter ce qu'on ne peut changer, le courage de changer ce qui peut l'être, et la sagesse de connaître la différence.

Jean MARCHAND

Je crois à l'indépendance du Québec à l'intérieur de la Confédération canadienne.

Jacques MARITAIN

De nos jours la vérité est beaucoup à gauche.

• • •

Il est naturel aussi que les grands changements et les grandes crises historiques s'accompagnent d'une explosion des forces irrationnelles.

• • •

Les bons principes mal appliqués sont aussi catastrophiques que les mauvais principes.

• • •

Distinguer pour unir.

• • •

... plus un peuple est intelligent plus ses divisions sont graves...

118

MARMONTEL

Le comble de l'éloquence est de dire ce que personne n'avait pensé avant de l'entendre et ce que tout le monde pense après l'avoir entendu.

Louis MARTIN-CHAUFFIER

La démocratie, c'est l'art de s'entendre sans être d'accord.

Maurice MARTIN DU GARD

Je ne veux pas admettre la violence, même contre la violence.

Karl MARX

Je ne peux être libre tant que les autres sont captifs.

• • •

La libération est collective ou elle n'est pas.

• • •

Les communistes dédaignent de faire un secret de leurs idées et de leurs intentions. Ils déclarent ouvertement que leurs fins ne pourront être atteintes sans le renversement violent de tout l'ordre social tel qu'il a existé jusqu'à présent. Ce n'est pas sans raison que les classes dominantes tremblent devant la menace d'une révolution communiste. Les prolétaires ne risquent d'y perdre que leurs chaînes. Ils ont un monde à y gagner.

• • •

Prolétaires de tous les pays, unissez-vous !

• • •

Les philosophes n'ont fait qu'interpréter le monde de différentes manières, mais il s'agit de le transformer.

• • •

La force est l'accoucheuse de toute vieille société en travail.

• • •

L'histoire de toute société jusqu'à nos jours n'a été que l'histoire de la lutte des classes.

Marcel MASSE

Si, dans la Confédération canadienne, vivre à deux, c'est vivre à genoux ; je préfère vivre seul et vivre debout !

Jean-Baptiste MASSILLON

Tout ce qui fait la grandeur des rois... en fait aussi le danger.

Guy MAUFFETTE

On peut changer de branche sans changer d'arbre.

Guy de MAUPASSANT

Les hommes de guerre sont les fléaux du monde.

François MAURIAC

Il ne sert à rien à l'homme de gagner la lune s'il vient à perdre la terre.

• • •

Moins les gens ont d'idées à exprimer, plus ils parlent fort.

• • •

Ce qu'il y a de plus horrible au monde, c'est la justice sans la charité.

André MAUROIS

Il y a des chefs de parti qui sont prêts à sacrifier le pays à une doctrine ou à des principes.

Charles MAURRAS

Une espérance collective ne peut être domptée. Chaque touffe tranchée revenait plus forte et plus belle. Tout désespoir en politique est une sottise absolue.

• • •

L'expérience de l'Histoire est pleine des charniers de la liberté et des cimetières de l'égalité.

• • •

La démocratie est le gouvernement du nombre.

• • •

... en politique ... tout est permis, sauf de se laisser surprendre.

• • •

La subordination n'est pas la servitude, pas plus que la tyrannie n'est l'autorité.

• • •

Quand un régime tombe en pourriture, il devient pourrisseur...

Cardinal Jules MAZARIN

Laissons au temps... le temps.

C. de MAZODA

Je me méfie des partis : ils deviennent facilement des partis pris.

Giuseppe MAZZINI

Les promesses sont oubliées par les princes mais jamais par les peuples.

Marshall MCLUHAN

Nous abordons l'avenir en regardant dans un rétroviseur.

Pierre MENDÈS-FRANCE

Leur méthode (aux politiciens) est devenue classique : si la vérité est dure, s'il faut quelque courage pour la dire, alors, pour n'être pas impopulaire, on commencera par la farder, sinon la masquer, avec, bien sûr, l'intention de faire en sorte qu'elle se révèle graduellement. Les hommes d'État se comparent volontiers à des navigateurs : ils pratiquent l'art du louvoiement qui consiste, selon Littré, à « porter le cap d'un côté, et puis virer de l'autre pour ménager un vent contraire, et ne pas s'éloigner de la route qu'on veut tenir ».

Henry Louis MENKEN

Il y a toujours à tout problème, une solution facile, nette, plausible et fausse.

Honoré MERCIER

Debout, comme un homme libre sur la terre d'Amérique, je défends la cause sacrée de mes compatriotes, quelles que soient leur langue ou leurs croyances religieuses, et je demande pour tous l'émancipation coloniale et la liberté... Hommes, femmes, enfants, à vous de choisir : vous pouvez rester esclaves dans l'état de colonie ou devenir indépendants et libres au milieu des autres peuples qui vous convient au banquet des nations.

Cardinal Joseph MERCIER

Ceux qui ne font rien ne font jamais de gaffes, toute leur vie en est une.

Prosper MÉRIMÉE

Ni les hommes d'État ni les acteurs ne savent se retirer à temps.

122

Père MESLIER

Je voudrais que le dernier des rois fût étranglé avec les boyaux du dernier prêtre.

Yves MICHAUD

Gardons au moins ce rêve, ne fût-il nourri que par « un sens désespéré de l'honneur », dont la formule désenchantée traduit pudiquement le vieil amour de la patrie.

MIRABEAU

Messieurs, gardez-vous de demander du temps ; le malheur n'attend pas.

• • •

C'est toujours une grande faute d'ordonner quand on n'est pas sûr de l'obéissance.

Yves MIRANDE

Les électeurs se moquent de ceux qui les éclairent ; ils préfèrent ceux qui les éblouissent.

Gaston MIRON

Nous te ferons, Terre de Québec, lit des résurrections et des mille fulgurances de nos métamorphoses de nos levains où lève le futur.

• • •

Et à force d'avoir pris en haine toutes les servitudes, nous serons devenus des bêtes féroces de l'espoir.

• • •

Le sentiment dévorant de disparaître sur place de ce peuple qui n'en finit plus de ne pas naître.

François MITTERRAND

L'ordre moral a toujours eu pour clergé la police.

• • •

L'action n'est riche que nourrie de rêve.

• • •

J'ai souvent vérifié que la bonne gestion d'une erreur valait mieux que certains succès.

• • •

J'aurais eu raison trop tôt, ce qui est l'échec le plus honorable de l'Histoire.

• • •

La révolution scientifique et technique n'a pas encore produit le régime politique qu'elle rend pourtant nécessaire.

L. de MOIDREY

Les peuples sont comme les femmes : ils acceptent d'être malmenés, mais seulement par celui qui flatte leur vanité.

MOLIÈRE

Et c'est une folie à nulle autre seconde.
De vouloir se mêler de corriger le monde.

Jean MONNET

Les hommes n'acceptent le changement que dans la nécessité, et ne voient la nécessité que dans la crise.

Charles MONOD

Si vous allez trop loin, vous irez nulle part.

Michel MONTAIGNE

Le bien public requiert qu'on trahisse et qu'on mente et qu'on massacre.

• • •

Il est besoin que le peuple ignore beaucoup de choses vraies et en croie beaucoup de fausses.

• • •

Les lois se maintiennent en crédit non parce qu'elles sont justes, mais parce qu'elles sont lois.

MONTALEMBERT

En politique, la ligne courbe est le plus court chemin d'un point à un autre.

• • •

Vous avez beau ne pas vous occuper de politique, la politique s'occupe de vous tout de même.

• • •

En politique, il n'y a de légitime que ce qui est possible.

• • •

L'État, ce despote qui ne meurt pas...

• • •

Non, les plaintes, les doléances, les invectives même que permet la liberté, qui accusent ses fautes, qui signalent ses dangers, ses excès ne sauraient jamais, sans la plus révoltante injustice, être invoquées comme un argument contre elle.

• • •

Les difficultés ne sont pas faites pour abattre mais pour être abattues.

Yves MONTAND

La gauche a apporté la pire des répressions, la pire des tyrannies avec des idées généreuses...

MONTESQUIEU

Quand on veut gouverner les hommes, il ne faut pas les chasser devant soi ; il faut les faire suivre.

• • •

Les financiers soutiennent l'État comme la corde soutient le pendu.

• • •

Tous les hommes sont des bêtes. Les princes sont des bêtes qui ne sont pas attachées.

• • •

Ce n'est pas l'esprit qui fait les opinions, c'est le cœur.

• • •

Pour qu'on ne puisse pas abuser du pouvoir, il faut que, par la disposition des choses, le pouvoir arrête le pouvoir.

• • •

La liberté, ce bien qui fait jouir des autres biens.

• • •

J'aime les paysans. Ils ne sont pas assez savants pour raisonner de travers.

• • •

Tous les gouvernements ont péri par l'abus de leurs principes.

• • •

L'esprit d'égalité extrême conduit au despotisme.

• • •

Si dans l'intérieur d'un État vous n'entendez le bruit d'aucun conflit, vous pouvez être certain que la liberté n'y est pas.

Henry de MONTHERLANT

Mourir pour une cause ne fait pas que cette cause soit juste.

• • •

La religion est la maladie honteuse de l'humanité et la politique en est le cancer.

• • •

Le mensonge est pour les grands une seconde nature.

• • •

La politique est l'art de se servir des gens.

• • •

La politique est l'art de capter à son profit les passions des autres.

• • •

La liberté existe toujours, il suffit d'en payer le prix.

• • •

126

Il faut des haines à la société en vue des bouleverse-
ments dont elle progresse, comme la terre a besoin
d'être labourée pour être fertile.

Édouard MONTPETIT

Nous sommes des électoraux, si j'ose dire, et non pas
des politiques.

Claude MORIN

Faute d'appliquer des grands remèdes aux grands
maux, on propose de grands mots comme grands
remèdes.

Jacques-Yvan MORIN

La vie d'un peuple est une course à relais où chaque
génération porte le flambeau.

• • •

Le nationalisme est le contraire absolu du droit de
disposer des autres.

• • •

Nous sommes acculés à nous demander si nous ne
serons plus qu'une sorte de Louisiane du Nord qui
n'aurait plus de français que ses souvenirs.

Emmanuel MOUNIER

On pense beaucoup trop aux actes de violence, ce qui
empêche de voir qu'il y a plus souvent des états de
violence.

• • •

Quand un ordre de droit n'est plus qu'un ordre formel
qui couvre l'injustice sous l'innocence de la lettre, il n'y
a pour le renouveler que des actes de force.

• • •

La plus grande vertu politique est de ne pas perdre le
sens des ensembles.

• • •

Les révolutions sont des poussées brutales des grandes forces élémentaires.

• • •

Ce n'est pas la force qui fait les révolutions, c'est la lumière.

Nana MOUSKOURI chante :

Moi je crois que tu es la seule vérité.
La noblesse de notre humanité.
Je comprends qu'on meure pour te défendre.
Que l'on passe sa vie à t'attendre.
Quand tu chantes, je chante avec toi, liberté.
Dans la joie ou les larmes je t'aime.
Les chansons de l'espoir ont ton nom et ta voix.
Le chemin de l'Histoire nous conduira vers toi.
Liberté, liberté.

Albert MOUSSET

Il n'est que deux professions qui ne requièrent ni diplôme, ni expérience : la politique et la presse. La première décide du sort des États, la seconde fait l'opinion.

MULTALULI

Il n'y a pas un seul individu qui ne serait regardé pour criminel s'il se permettait ce que l'État se permet.

Albert de MUN

Ne regardez pas passer, avec la résignation des vaincus, les transformations de votre siècle ; montez hardiment dans le convoi et tâchez de diriger la machine.

Thomas MÜNZER

Les églises n'ont fait briller leurs lumières sur le monde que pour les funérailles de la liberté.

Alfred de MUSSET

La république. Il nous faut ce mot-là. Et quand ce ne serait qu'un mot, c'est quelque chose, puisque les peuples se lèvent quand il traverse l'air.

• • •

La liberté, la patrie, le bonheur des hommes, tous ces mots résonnent à son approche comme les cordes d'une lyre...

Benito MUSSOLINI

Les vaincus ont une histoire ; les absents n'en ont pas.

• • •

Il y a des libertés ; la liberté n'a jamais existé.

• • •

La paix n'est que le répit nécessaire à la préparation d'une nouvelle guerre.

• • •

Ou vous admettez le peuple dans la citadelle de l'État et alors il la défendra, ou vous le laissez dehors et alors il l'assaillera !

• • •

Tout par l'État, tout dans l'État et rien en dehors de l'État.

NAPOLÉON

Ceux qui recherchent les honneurs ressemblent aux amoureux : la possession en diminue le prix.

• • •

Un gouvernement est un mal nécessaire.

• • •

De toutes les aristocraties, celle de l'argent est la pire.

• • •

Ma renommée ne s'appuiera pas sur mes quarante batailles victorieuses. Waterloo les effacera... Ce qui ne s'effacera jamais est mon Code des Lois.

• • •

Il n'est jamais utile d'enflammer la haine.

• • •

La diplomatie est la police en grand costume.

• • •

Les grands écrivains sont des radoteurs estimés.

• • •

Le moyen d'être cru est de rendre la vérité incroyable.

• • •

Les jeunes gens accomplissent les révolutions que les vieillards ont préparées.

• • •

Une révolution est une opinion qui trouve des baïonnettes.

• • •

Dans les révolutions, il y a deux sortes de gens : ceux qui les font, et ceux qui en profitent.

• • •

Du moment où j'ai été chef du gouvernement, mon conseil fut dans ma tête. Je m'en suis bien trouvé. Je n'ai commencé à me tromper que quand j'ai prêté l'oreille aux conseillers.

• • •

En examinant ce que c'est que la gloire, elle se réduit à peu de chose. Qu'on soit jugé par des ignorants, vanté par des imbéciles, applaudi ou censuré par la populace, il n'y a pas là de quoi être fier.

• • •

En politique, il y a des cas d'où on ne peut sortir que par des fautes.

• • •

En politique, une absurdité n'est pas un obstacle.

• • •

Il est plus facile de tromper que de détromper.

• • •

Il faut être lent dans les délibérations et vif dans l'exécution.

• • •

Il faut des fêtes bruyantes aux populations ; les sots aiment le bruit, et la multitude, c'est des sots.

• • •

Il faut sauver les peuples malgré eux.

• • •

Il faut vouloir vivre et savoir mourir.

• • •

Il ne faut pas prendre l'homme à qui la place convient, mais l'homme qui convient à la place.

• • •

Il y a des crises où le bien du peuple exige la condamnation d'un innocent.

• • •

Il y a bien des gens qui se croient le talent de gouverner pour la seule raison qu'ils gouvernent.

• • •

J'ai enrichi mes officiers ; j'aurais dû savoir que quand on est riche on n'a pas envie de se faire tuer.

• • •

J'ai versé du sang, j'en répandrai peut-être encore, mais sans colère, et tout simplement parce que la saignée entre dans les combinaisons de la médecine politique.

• • •

J'aime le pouvoir, moi, mais c'est en artiste que je l'aime... comme le musicien aime son violon. Je l'aime pour en tirer des sons, des accords, de l'harmonie.

• • •

La guerre est un état naturel.

• • •

La haute politique n'est que le bon sens appliqué aux grandes choses.

• • •

La paix est le premier des besoins comme la première des gloires.

• • •

La politique, c'est jouer aux hommes.

• • •

L'argent est plus fort que le despotisme.

• • •

L'art de la police est de ne pas voir ce qu'il est inutile qu'elle voie.

• • •

Le cœur d'un homme d'État doit être dans sa tête.

• • •

Le mensonge n'est bon à rien puisqu'il ne trompe qu'une fois.

• • •

Les guerres inévitables sont toujours justes.

• • •

Les hommes de génie sont des météores destinés à brûler pour éclairer leur siècle.

• • •

Les pauvres m'aimeront toujours parce que l'éclat de ma gloire embellit leur misère.

• • •

Les seules conquêtes utiles, celles qui ne laissent aucun regret, sont celles qu'on fait sur l'ignorance.

• • •

L'homme fait pour l'autorité ne voit point les personnes ; il ne voit que les choses, leur poids et leur conséquence.

• • •

L'important de la politique est d'arriver à son but ; les moyens ne font rien à l'affaire.

• • •

Lorsque la masse est corrompue dans un État, les lois sont à peu près inutiles sans despotisme.

• • •

Lorsqu'on s'est trompé, il faut persévérer, cela donne raison.

• • •

Ma maîtresse, c'est le pouvoir. J'ai trop fait pour sa conquête, pour me la laisser ravir ou souffrir même qu'on la convoite. Quoiqu'on dise que le pouvoir m'est venu comme de lui-même, je sais ce qu'il m'a coûté de peines, de veilles, de combinaisons.

• • •

132

On gouverne mieux les hommes par leurs vices que par leur vertu.

• • •

On n'arrête pas les peuples une fois lancés.

• • •

On ne conduit le peuple qu'en montant un avenir : un chef est un marchand d'espérance.

• • •

On ne fait de grandes choses en France qu'en s'appuyant sur les masses.

• • •

On peut s'arrêter quand on monte, jamais quand on descend.

• • •

Oui, l'imagination gouverne le monde... On ne peut gouverner l'homme que par elle ; sans l'imagination, c'est une brute.

• • •

Parmi les hommes qui n'aiment pas qu'on les opprime, il s'en trouve beaucoup qui aiment à opprimer.

• • •

Rien ne marche dans un système politique où les mots jurent avec les choses.

• • •

Sénèque l'a dit : celui qui fait peu de cas de sa vie est maître de celle des autres.

• • •

Un peuple sans Dieu ne se gouverne pas. On le mitraille.

• • •

Un trône n'est qu'une planche garnie de velours.

• • •

Le prince doit tout soupçonner.

• • •

Dans les affaires du monde ce n'est pas la foi qui sauve, c'est la méfiance.

• • •

Il faudrait que les hommes soient bien scélérats pour l'être autant que je le suppose.

• • •

Je n'aime que les gens qui me sont utiles et tant qu'ils le sont.

• • •

La sottise des hommes de guerre se mesure à leur penchant à se prendre au sérieux.

• • •

Personne au monde ne m'a déçu car j'ai placé l'homme très bas.

• • •

La mort n'est rien, mais vivre vaincu et sans gloire, c'est mourir tous les jours.

• • •

Je laisse derrière moi deux vengeurs, deux Hercules au berceau : la Russie et les États-Unis d'Amérique. L'un et l'autre ou l'un contre l'autre, ils bâtiront l'unité du continent et peut-être du monde.

• • •

La politique réaliste commence quand on ne tremble plus devant la petite morale des gens.

• • •

... regarder en face des faits sans les violenter par des théories.

• • •

Il faut toujours frapper vite, brutalement et avec éclat.

• • •

Il n'y a pire que les mystiques pour égorger l'humanité entière au nom de Dieu.

• • •

Je croyais commander à des hommes, je n'avais que des soldats.

• • •

Mieux vaudrait une armée de cerfs commandée par un lion qu'une armée de lions commandée par un cerf.

• • •

Rien de tel que le sentiment pour rendre le peuple malléable.

NAPOLÉON III

Surtout n'ayez pas peur du peuple, il est plus conservateur que vous.

George NATHAN

Les mauvais gouvernements sont élus par les gens qui ne votent pas.

Suzanne Curchod NECKER

On a souvent tort par la façon que l'on a d'avoir raison.

• • •

Les dignités sont comme les rochers escarpés : les aigles et les reptiles peuvent seuls y parvenir.

Pietro NENNI

La violence est le levain de l'Histoire.

Jean NICOLET

Si le droit de décision appartient à la majorité, le droit de représentation appartient à tout le monde.

NIETZSCHE

Il faut se défaire du mauvais goût de vouloir être d'accord avec la multitude.

• • •

L'État, c'est le plus froid des monstres froids : il ment froidement et voici le mensonge qui rampe de sa bouche : « Moi, l'État, je suis le peuple. »

• • •

Les idées qui changent la face du monde viennent sur des pattes de colombes.

• • •

Dieu est mort, tout est permis, rien n'est certain.

• • •

La démocratie moderne est la forme historique de la décadence de l'État.

• • •

Ne pensez pas à la patrie de vos ancêtres ; pensez à la patrie de vos enfants !

• • •

Ce qui distingue l'homme des autres animaux, c'est qu'il est capable de faire des promesses.

• • •

La place publique est pleine de bouffons solennels, et le peuple se vante de ses grands hommes.

Roger NIMIER

L'efficacité est la révolution dirigée par les conservateurs.

Robert NIXON

Le français devient une langue morte comme le latin.

Flann O'BRIEN

Nous déclarons le droit du peuple de l'Irlande à la propriété de l'Irlande.

Émile OLLIVIER

N'est-ce pas encore être libre que de pouvoir crier si souvent et sous tant de formes qu'on ne l'est pas !

Wladimir d'ORMESSON

Il y a dans le socialisme des idées fausses et un instinct vrai.

George ORWELL

Le pouvoir n'est pas un moyen, il est une fin. Le pouvoir a pour objet le pouvoir.

Frédéric OZANAM

Il ne suffit pas d'avoir raison. Il faut savoir persuader.

Marcel PAGNOL

Il faut se méfier des ingénieurs : ça commence par la machine à coudre et ça finit par la bombe atomique.

PALLOY

Qu'il est doux, après avoir démoli les geôles des tyrans, d'élever les prisons de la liberté.

Jean PARÉ

Les révolutions ne font guère que repeindre les traditions en rouge.

• • •

De tous temps, les peuples ont préféré les mensonges optimistes aux vérités angoissantes. Au fond, nous aimons que nos politiciens nous fardent la vérité ; ce que nous refusons, c'est qu'ils nous fassent peur.

• • •

Les Québécois viennent de se faire expulser du Canada comme nation pour se faire offrir d'y entrer comme individus.

Jacques PARIZEAU

La démocratie, ça consiste moins à s'entendre tous autour d'un compromis boiteux qu'à appuyer une idée intelligente qui ne fait pas l'unanimité.

Françoise PARTURIER

C'est l'éternelle erreur des esprits conservateurs de n'appeler réel que ce qu'ils ont sous le nez.

• • •

Avant de devenir bien commun, toute vérité nouvelle passe pour hérésie, paradoxe ou baliverne.

PASCAL

Rien ne se paie plus cher que l'audace de dire tout haut ce que chacun pense tout bas.

• • •

La justice sans la force est impuissante ; la force sans la justice est tyrannique... Il faut donc mettre ensemble la justice et la force, et, pour cela, faire que ce qui est juste soit fort, ou que ce qui est fort soit juste.

• • •

Je ne crois que les histoires dont les témoins se feraient égorger.

• • •

Quelle chimère est-ce donc que l'homme ?

• • •

Il est bien plus beau de savoir quelque chose de tout que de savoir tout d'une chose.

• • •

Il était d'autant plus fourbe qu'il ne l'était pas toujours.

• • •

Le superflu des riches est le nécessaire des pauvres.

Charles PASQUA

La démocratie s'arrête là où commence la raison d'État.

• • •

Pour faire triompher la bonne cause, tous les moyens sont bons.

Louis PASTEUR

Le plus grand dérèglement de l'esprit est de croire les choses parce qu'on veut qu'elles soient.

• • •

Plus on est ignorant, moins on s'en aperçoit.

Jean PAULHAN

Le bonheur dans l'esclavage fait de nos jours figure d'idée neuve.

Louis PAUWELS

À tout prendre, je préfère deux inégaux au soleil à deux égaux en prison.

• • •

Anarchie, mot magnifique par lequel les imbéciles expriment leur paresse devant les difficultés de la liberté. Leur prière : « Mon Dieu, qui n'existez pas, merci mille fois pour les emmerdements qui pleuvent sur le monde, car rien n'est meilleur que le pire... Emmerde le monde, camarade, ça lui apprendra à sentir mauvais. »

• • •

Les déraisons auront raison du monde raisonnable.

Charles PÉGUY

Les patries sont toujours défendues par les pauvres et livrées par les riches.

• • •

L'ordre, et l'ordre seul, fait en définitive la liberté. Le désordre fait la servitude.

• • •

Tout parti vit de sa mystique et meurt de sa politique.

• • •

La tyrannie est toujours mieux organisée que la liberté.

Jean PELLERIN

La bonne conscience des puissants a fait plus de malheureux que toutes les tyrannies.

• • •

L'ordre établi... c'est le flacon qui a plus d'importance que la liqueur.

• • •

Dans tout bourgeois se cache un Machiavel qui joue les Tartuffe.

• • •

Quand meurent les révolutionnaires, la révolution s'installe et la mystique s'envole. Il reste une chanson et un drapeau.

• • •

Tu veux changer le monde ? Patience ! C'est le monde qui va te changer.

• • •

Le temps passe vite mais il arrange tout lentement.

• • •

Le désordre de la révolution est plus sain que l'ordre du désordre établi.

Eugène PELLETAN

Que doit être l'État ? Le garant armé de la liberté.

Gérard PELLETIER

Il faut absolument que le Québec s'affirme massivement français... On est ici dans une province française, on va respecter nos minorités, on les chicotera pas, mais, tout le monde au Québec doit parler français. Comme Davis a dit : « En Ontario, tout le monde doit parler anglais. »

Hélène PELLETIER-BAILLARGEON

Le bilinguisme est l'antichambre de l'assimilation.

Pierre PERRAULT

Je me constitue prisonnier de la Terre natale... Je préfère mes raisons de pays aux raisons d'État.

Noël PÉRUSSE

Il ne faut pas prendre les vessies du romantisme pour les lanternes de la révolution.

Maréchal Philippe PÉTAIN

L'autorité est nécessaire pour sauvegarder la liberté de l'État, garantie des libertés individuelles, en face des coalitions d'intérêts particuliers. Un peuple n'est pas libre, en dépit de ses bulletins de vote, dès que le gouvernement qu'il a librement porté au pouvoir, devient le prisonnier de ces coalitions.

Nathalie PÉTROWSKI

La justice, un grand mythe humaniste.

Francis PICABIA

La seule façon d'être suivi, c'est de courir plus vite que les autres.

• • •

Les hommes couverts de croix me font penser à un cimetière.

PIE XI

Docendus est populus, non sequendus :
il faut enseigner le peuple et non le suivre.

• • •

Unir sans unifier, coordonner sans absorber, grouper sans confondre.

Abbé PIERRE

Le pouvoir rend bête.

• • •

Un monde gouverné en fonction du plaisir des heureux et non de la délivrance de ceux qui souffrent injustement est nécessairement voué à la haine.

• • •

Les premiers violents, les provocateurs de toute la violence, c'est vous. Et quand le soir, dans vos belles maisons, vous allez embrasser vos petits enfants avec votre bonne conscience, au regard de Dieu vous avez probablement plus de sang sur vos mains d'inconscients que n'en aura jamais le désespéré qui prend les armes pour essayer de sortir de son désespoir.

• • •

Rien n'est plus désespérant que d'être libre pour rien !

PINDARE

Ne crois pas au langage des flatteurs. Un prince est toujours grand à leurs yeux, comme un singe est toujours beau pour des enfants.

Augusto PINOCHET

Le mot ordre doit malheureusement souvent s'écrire en lettres de sang.

• • •

La démocratie est une invention du diable. Seuls l'ordre et la morale sont d'essence divine.

PLATON

L'excès de liberté ne peut tourner qu'en excès de servitude, pour un particulier aussi bien que pour un État.

• • •

Ce qu'il en coûte aux gens de se désintéresser de la chose publique, c'est d'être gouverné par des gens pires qu'eux-mêmes.

• • •

Pour le profit des hommes, il est souvent besoin de les tromper.

• • •

Le pouvoir doit toujours être confié à ceux qui ne sont pas jaloux de le posséder.

• • •

Le commencement est la moitié de l'action.

• • •

N'est-il pas des circonstances où le mensonge perd ce qu'il a d'odieux parce qu'il devient utile ?

142

PLINE

Tous les animaux connaissent ce qui leur est salutaire, excepté l'homme.

Georges POMPIDOU

Les Français sont à la fois pour l'autorité et pour le socialisme. L'autorité : c'est-à-dire qu'il faut faire obéir le voisin. Le socialisme, cela consiste à prendre dans la poche d'autrui ce qu'on n'a pas.

Francis PONGE

Le siècle du pouvoir de l'homme devint celui de son désespoir.

Alain PONTAUT

Un colonisé, c'est celui qu'on détourne de la possession de son être, de sa logique et de sa fierté d'être.

Georges de PORTO-RICHE

Il y a même des crimes qui deviennent respectables à force de durer.

Marin PREDA

L'homme est une divinité enchaînée par le pouvoir des circonstances.

Jacques PRÉVERT

Quand la vérité n'est pas libre, la liberté n'est pas vraie.

• • •

Il ne faut pas laisser les intellectuels jouer avec les allumettes.

Pierre Joseph PROUDHON

La politique est la science de la liberté : le gouvernement de l'homme par l'homme, sous quelque nom qu'il se déguise, est oppression ; la plus haute perfection de la société se trouve dans l'union de l'ordre et de l'anarchie.

• • •

L'État, c'est tout le monde.

• • •

Le bien-être sans l'éducation abrutit le peuple et le rend insolent.

• • •

Être gouverné, c'est être gardé à vue, inspecté, espionné, dirigé, légiféré, réglementé, parqué, endoctriné, prêché, contrôlé, estimé, apprécié, censuré, commandé, par des êtres qui n'ont ni le titre, ni la science, ni la vertu (...) Être gouverné, c'est être à chaque opération, à chaque transaction, à chaque mouvement, noté, enregistré, recensé, tarifé, timbré, toisé, coté, cotisé, patenté, licencié, autorisé, apostillé, admonesté, empêché, réformé, redressé, corrigé. C'est, sous prétexte d'utilité publique, et au nom de l'intérêt général, être mis à contribution, exercé, rançonné, exploité, monopolisé, concussionné, pressuré, mystifié, volé ; puis, à la moindre résistance, au premier mot de la plainte, réprimé, amendé, vilipendé, vexé, traqué, houspillé, assommé, désarmé, garrotté, emprisonné, fusillé, mitraillé, jugé, condamné, déporté, sacrifié, vendu, trahi, et pour comble, joué, berné, outragé, déshonoré. Voilà le gouvernement, voilà sa justice, voilà sa morale ! (...) Ô personnalité humaine ! Se peut-il que pendant soixante siècles tu aies croupi dans cette abjection ?

• • •

La politique est l'éternelle déception de la liberté.

• • •

Quoique très ami de l'ordre, je suis anarchiste.

• • •

144

Périsse la patrie, et que l'humanité soit sauvée.

Louis-Marie PRUDHOMME

Les grands ne sont grands que parce que nous sommes à genoux : levons-nous !

PYRRHUS

Encore une victoire comme celle-là et je suis perdu.

PYTHAGORE

Tu supportes les injustices, console-toi ; le vrai malheur est d'en faire.

Raymond QUENEAU

L'Histoire est la science du malheur des hommes.

Edgar QUINET

Toute belle qu'elle est, la France n'est pourtant qu'une province de l'Humanité.

Jacques RABEMANANJARA

La liberté est aux encans ! La liberté a des carcans qui lui serrent la gorge nue. La liberté crache son sang. Le long de tous les chemins du monde.

Jean RACINE

J'embrasse mon rival, mais c'est pour l'étouffer.

Gustave Xavier de RAVIGNAN

Le bruit de la renommée étouffe souvent la voix de la conscience.

Paul RAYNAUD

Il n'est jamais déshonorant d'être battu ; il est déshonorant de ne pas se battre.

Ronald REAGAN

Le prix à payer pour la liberté est élevé, mais il ne le sera jamais autant que celui de la perte de la liberté.

Jorge REBELO

Il y a un message de justice dans chaque balle que je tire.

Ernest RENAN

Le peuple doit s'amuser, c'est là sa grande compensation... Ce qu'un peuple donne à la gaieté, il le prend toujours sur la méchanceté.

• • •

Rien de grand ne se fait sans chimères.

• • •

La meilleure des républiques, c'est un bon tyran.

• • •

Les plus fortes et les plus belles doctrines prises par des esprits étroits peuvent tourner en poison.

• • •

Le grand général (et on peut en dire presque autant du grand politique) est celui qui réussit et non celui qui aurait dû réussir.

• • •

Une nation est une âme, un principe spirituel.

• • •

L'État, cet autocrate sans pareil, a des droits contre tous, et contre lui personne n'a de droits.

Georges RENARD

Les hommes ne suivent pas les doctrines mais les drapeaux.

• • •

Le bien a deux ennemis ; le mal et la hâte intempestive du mieux.

Jules RENARD

Je ne m'occupe pas de politique. C'est comme si vous disiez : « Je ne m'occupe pas de la vie. »

• • •

Je suis un réaliste que gêne la réalité.

• • •

La postérité ? Pourquoi les gens seraient-ils moins bêtes demain qu'aujourd'hui ?

• • •

Les riches et les puissants croient que les pauvres sont humbles alors qu'ils ne sont qu'humiliés.

• • •

Les bourgeois, ce sont les autres.

• • •

Les hommes naissent égaux. Le lendemain, ils ne le sont plus.

• • •

Dis quelquefois la vérité afin qu'on te croie quand tu mentiras.

• • •

Ils ont mis tant d'eau dans leur vin qu'il n'y a plus de vin.

• • •

Celui qui fait tout ce qu'il veut, fait rarement ce qu'il doit.

Cardinal de RETZ

De toutes les passions, la peur est celle qui affaiblit le plus le jugement.

• • •

L'art de la politique est de choisir entre de grands inconvénients.

• • •

Descendre jusqu'aux petits est le plus sûr moyen pour s'égaler aux grands.

• • •

Lorsque ceux qui commandent ont perdu la honte, ceux qui obéissent perdent le respect.

• • •

Les scrupules et les grandeurs ont été de tout temps incompatibles.

• • •

Il faut souvent changer d'opinion pour rester de son parti.

• • •

Les gens faibles ne plient jamais quand ils le doivent.

Jean-François REVEL

Gouverner n'est un art qu'à condition d'être une science.

• • •

La politique a été définie de mille manières, mais jamais comme l'art du bonheur. On ne voit guère, pourtant, ce qu'elle pourrait être d'autre.

• • •

Le temps, en politique, fait souvent plus que la politique elle-même.

• • •

L'humanité ne sera véritablement humaine que le jour où aura disparu jusqu'au souvenir de ce qu'est une armée.

• • •

Tout pouvoir est ou devient de droite.

• • •

Un pays ne peut jamais, en démocratie, être gouverné longtemps hors de sa vérité.

148

Pierre RÉVERDY

Les civilisations sont les fards de l'humanité.

Cardinal de RICHELIEU

Pour tromper un rival, l'artifice est permis. On peut tout employer contre ses ennemis.

• • •

Faire une loi et ne pas la faire exécuter, c'est autoriser la chose qu'on veut défendre.

• • •

Savoir dissimuler est le savoir des rois.

• • •

Les tyrans couvrent ordinairement le crime de leur violence du faux masque de quelque bien public.

• • •

Il faut écouter beaucoup et parler peu, pour bien agir au gouvernement d'un État.

Antoine RIVAROL

C'est un terrible avantage que de n'avoir rien fait, mais il ne faut pas en abuser.

• • •

Les peuples les plus civilisés sont aussi voisins de la barbarie que le fer le plus poli l'est de la rouille.

• • •

Le peuple donne sa faveur. Jamais sa confiance.

Maximilien de ROBESPIERRE

Nous voulons substituer dans notre pays la morale à l'égoïsme, la probité à l'honneur, les principes aux usages, les devoirs aux bienséances, l'empire de la raison à la tyrannie de la mode, le mépris du vice au mépris du malheur, la fierté à l'insolence, la grandeur d'âme à la vanité, l'amour de la gloire à l'amour de l'intrigue, le génie au bel esprit, la vérité à l'éclat, le charme du bonheur aux ennuis de la volupté, la grandeur de l'homme à la petitesse des grands, un peuple magnanime, puissant, heureux, à un peuple aimable, frivole et misérable ; c'est-à-dire toutes les vertus et tous les miracles de la République à tous les vices et à tous les ridicules de la monarchie.

• • •

La démocratie est un état où le peuple souverain, guidé par des lois qui sont son ouvrage, fait par lui-même tout ce qu'il peut bien faire, et par des délégués tout ce qu'il ne peut faire lui-même.

• • •

Peuple, souviens-toi que si dans la République la justice ne règne pas avec un empire absolu, la liberté n'est qu'un vain nom !

• • •

Quand les gouvernements violent les droits du peuple, l'insurrection est pour le peuple le plus sacré et le plus indispensable des devoirs.

Christiane ROCHEFORT

Qui exerce un pouvoir n'est jamais innocent.

Pauline ROLAND

Agir sans principe, c'est consulter sa montre après avoir placé l'aiguille au hasard.

Romain ROLLAND

Un héros, c'est celui qui fait ce qu'il peut.

• • •

Quand l'ordre est l'injustice, le désordre est déjà un commencement de justice.

Franklin Delano ROOSEVELT

Un réactionnaire est un somnambule qui marche à reculons.

• • •

Il y a quelque chose de pire dans la vie que de n'avoir pas réussi : c'est de n'avoir pas essayé.

• • •

Vous n'avez rien à craindre que la peur elle-même.

• • •

Un pays où les honnêtes gens n'ont pas autant d'énergie que les coquins est un pays perdu.

Theodore ROOSEVELT

Parlez doucement, et tenez un gros bâton, vous irez loin.

• • •

Le progrès est accompli par celui qui fait les choses et non par celui qui discute la manière dont elles n'auraient pas dû être faites.

Jean ROSTAND

La faiblesse des démocraties, c'est qu'il leur faille, trop souvent, se renier pour survivre.

• • •

Nous serons aussi étonnés, plus tard, d'avoir eu des politiciens pour maîtres que nous le sommes aujourd'hui d'avoir eu jadis des barbiers pour chirurgiens.

• • •

Le monde appartient aux médiocres supérieurs.

• • •

On tue un homme, on est un assassin. On tue des millions d'hommes, on est un conquérant. On les tue tous, on est un dieu.

• • •

On répugne peut-être moins à se reconnaître des supérieurs que des égaux.

• • •

Il ne faut ni respecter les vieilles erreurs, ni se lasser des vieilles vérités.

Jean-Jacques ROUSSEAU

La nature a fait l'homme heureux et bon, mais la société le déprave et le rend misérable.

• • •

L'homme est né libre, et partout il est dans les fers.

• • •

Si c'est la raison qui fait l'homme, c'est le sentiment qui le conduit.

• • •

L'argent qu'on possède, c'est l'instrument de la liberté. Celui qu'on pourchasse, c'est l'instrument de la servitude.

• • •

L'homme est bon, les hommes sont méchants.

• • •

Et s'ils ne veulent pas, nous les forcerons à être libres.

• • •

S'il y avait un gouvernement des dieux, il serait démocratique !

Claude ROY

Ces grands penseurs politiques, prophètes, qui à force de prévoir ne voient plus rien.

Michel ROY

Une opinion ne devient pas juste parce qu'elle est populaire.

• • •

Le peuple ne renonce jamais à sa souveraineté : il ne donne pas le pouvoir, il le prête...

Bertrand RUSSELL

Si cinquante millions de gens disent une sottise, c'est toujours une sottise.

152

G.C. RUTTEN

Les grandes révolutions sont préparées par ceux qui auraient dû les prévenir et qui en deviennent les premières victimes.

Claude RYAN

Le malaise canadien ne disparaîtra que le jour où les Canadiens français auront obtenu le genre d'association nouvelle qu'ils recherchent depuis la fin du dernier conflit mondial avec le Canada anglais. Plutôt que de renoncer à cet objectif, qui leur a été jusqu'à maintenant refusé par leur partenaire, ils choisiront probablement l'indépendance.

SAINTE-BEUVE

Si l'on se mettait à se dire tout haut les vérités, la société ne tiendrait pas un instant.

• • •

Il faut dépasser le but pour l'atteindre.

SAINT-ÉVREMOND

La raison d'État est une raison mystérieuse, inventée par la politique pour autoriser ce qui se fait sans raison.

Antoine de SAINT-EXUPÉRY

Être un homme, c'est sentir, en posant sa pierre, que l'on contribue à bâtir le monde.

• • •

Une civilisation repose sur ce qui est exigé des hommes, et non sur ce qui leur est fourni.

• • •

Le plus beau métier du monde, c'est d'unir les hommes.

• • •

Seule opération humaine : réconcilier.

• • •

Le bonheur de l'homme n'est pas dans la liberté, mais dans l'acceptation d'un devoir.

SAINT-JOHN PERSE

La démocratie, plus que toute autre religion, exige l'exercice de l'autorité.

Louis Antoine de SAINT-JUST

Rien ne ressemble à la vertu comme un grand crime.

• • •

Les grands hommes ne meurent pas dans leur lit. Les circonstances ne sont difficiles que pour ceux qui reculent devant le tombeau. Ceux qui font des révolutions dans le monde, ceux qui veulent faire le bien, ne doivent dormir que dans le tombeau.

• • •

Une république est difficile à gouverner lorsque chacun envie ou méprise l'autorité qu'il n'exerce pas.

• • •

On ne peut régner innocemment.

• • •

Il n'y a que ceux qui sont dans les batailles qui les gagnent.

• • •

La liberté pour tous sauf pour les ennemis de la liberté.

SAINT THOMAS d'AQUIN

On n'atteint l'universel qu'à travers le particulier.

• • •

Il faut un minimum de biens matériels pour pratiquer la vertu.

• • •

Le meilleur gouvernement est celui d'un seul chef.

Antonio de Oliveira SALAZAR

L'État doit être assez fort pour se passer d'être violent.

Alexandre SANGUINETTI

L'avenir appartient aux imbéciles organisés. Ceux-ci l'emporteront toujours sur les intelligences inorganisées.

George SANTAYANA

Le difficile c'est ce qu'on peut faire tout de suite ; l'impossible c'est ce qui prend un peu plus de temps.

Jean-Paul SARTRE

Le silence est réactionnaire.

• • •

Le désordre est le meilleur serviteur de l'ordre établi.

• • •

Le crime. Les hommes d'aujourd'hui naissent criminels, il faut que je revendique ma part de leurs crimes si je veux ma part de leur amour et de leurs vertus. Je voulais l'amour pur : niaiserie ; s'aimer, c'est haïr le même ennemi : j'épouserai donc votre haine. Je voulais le Bien : sottise ; sur cette terre et dans ce temps, le Bien et le Mauvais sont inséparables : j'accepte d'être mauvais pour devenir bon.

• • •

Si vos fils sont révolutionnaires, c'est parce que vos lâchetés ont fait leur destin.

• • •

On ne fait pas une révolution avec des fleurs.

• • •

Tout anticommuniste est un chien.

• • •

Nous sommes une liberté qui choisit, mais nous ne choisissons pas d'être libre. Nous sommes condamnés à la liberté.

• • •

Quand les riches se font la guerre, ce sont les pauvres qui meurent.

• • •

Un élu, c'est un homme que le doigt de Dieu coince contre un mur.

• • •

Tous les moyens sont bons quand ils sont efficaces.

Alfred SAUVY

L'objectif de la démocratie n'est pas de s'entendre, mais de savoir se diviser.

Félix-Antoine SAVARD

Pour lui, il avait assez souffert sous le joug, assez gémi tout bas de valeter sous le mépris des autres, assez entendu de reproches de son sang, que jamais il ne consentirait, non jamais ! à ce que l'étranger souillât ce qu'il avait reçu en héritage.

Georges SAVARD

Les partisans tièdes et indécis d'une vérité n'ont jamais prévalu sur les fervents prosélytes d'une erreur.

Maréchal de SAXE

Une bataille perdue, c'est une bataille qu'on croit perdue.

Jean-Baptiste SAY

Sans la digue des lois, la liberté ne serait qu'un torrent dévastateur.

Eugène SCRIBE

Il y a des chaînes qui sont d'or quand on les voit de loin, de plomb quand on les porte, de fer quand on veut les rompre.

Comte Henri François de SÉGUR

Par la force, on ne fait que vaincre ; c'est par la générosité qu'on parvient à soumettre.

SÉNÈQUE

Considérons l'opinion avec l'idée qu'elle doit non pas nous guider, mais nous suivre.

• • •

Ce n'est pas parce que les choses sont difficiles que nous n'osons pas ; mais c'est parce que nous n'osons pas qu'elles sont difficiles.

• • •

Il faut toujours semer, même après une mauvaise récolte.

Père Antonin SERTILLANGES

Le droit est une dictée de raison, non le résultat d'un plébiscite.

• • •

La liberté n'est qu'une convoitise, si elle n'est pas un acheminement vers le devoir.

• • •

Pour sortir de l'ornière le char de l'État, il ne faut pas être assis dans la voiture.

Jean-Jacques SERVAN-SCHREIBER

Le plus effrayant, ce n'est pas que l'injustice existe, c'est qu'elle soit acceptée.

• • •

Il n'y a pas de mauvais peuple, il n'y a que des mauvais bergers. Un peuple ne se trompe pas, il est trompé.

• • •

En politique, perdre, c'est avoir tort.

William SHAKESPEARE

Something is rotten in the state of Denmark.
Il y a quelque chose de pourri au royaume du Danemark.

• • •

Madness in great ones must not unwatch'd go.
La folie des grands ne doit pas être laissée sans surveillance.

Mitchell SHARP

Si les avantages économiques étaient la seule chose à considérer, il y a longtemps que nous nous serions joints aux États-Unis.

George Bernard SHAW

Le jeune homme doit être révolutionnaire à 20 ans s'il ne veut pas être fossile à 50.

• • •

La liberté implique la responsabilité ; c'est pourquoi tant d'hommes la redoutent.

• • •

Les grandes vérités sont d'abord des blasphèmes.

André SIEGFRIED

En politique, il faut beaucoup de culture pour se contenter d'explications simples.

• • •

En politique, seuls savent s'arrêter ceux qui ne seraient pas partis.

• • •

L'expérience nous enseigne qu'on est naturellement bienveillant pour les minorités qui déclinent, car elles n'effraient pas, mais qu'on s'organise, brutalement parfois, contre celles qui s'accroissent.

Emmanuel Joseph SIEYÈS

Ils veulent être libres et ne savent pas être justes.

Jules SIMON

C'est surtout à la veille d'une révolution qu'on la croit impossible.

• • •

Le secret de rendre les révolutions impossibles, c'est d'empêcher qu'elles soient désirables.

• • •

Aux yeux des partis, qui cesse d'être un esclave devient un déserteur.

Pierre-Henri SIMON

Le citoyen idéal, c'est l'homme qui sait « joindre le sentiment conservateur de l'ordre à la passion révolutionnaire de la justice ».

• • •

L'homme de droite est le gendarme de l'existant ; l'homme de gauche est le soldat du futur ; l'homme du centre est l'ouvrier du possible.

SOPHOCLE

Un État où sont impunies l'insolence et la liberté de tout faire, finit, sois-en sûr, par sombrer dans l'abîme.

Émile SOUVESTRE

La suprême sagesse est de subordonner le rêve au possible.

Wale SOYINKA

Le monde est vieux, mais un million d'années de rouille vient à bout des plus lourdes chaînes.

Benedictus SPINOZA

Le gouvernement démocratique est le plus voisin de l'état naturel.

SRI CHINMOY

Quand le pouvoir de l'amour remplacera l'amour du pouvoir, l'homme sera un nouveau dieu.

Baronne Germaine Necker de STAËL

Le génie ne cherche point à combattre ce qui est dans l'essence des choses ; sa supériorité consiste, au contraire, à la deviner.

STALINE

La mort d'un homme, c'est une tragédie ; la disparition de millions de gens, c'est de la statistique.

STENDHAL

Les peuples n'ont jamais eu que le degré de liberté que leur audace conquiert sur la peur.

• • •

Le sabre tue l'esprit.

Adlaï STEVENSON

Nos fermes et nos usines peuvent nous donner notre subsistance. Mais la Charte des droits nous donne notre vie.

• • •

Un homme qui a faim n'est pas un homme libre.

• • •

Ma définition d'une société libre, c'est une société où on peut être impopulaire en sécurité.

Marie STUART

Ah ! Peuple mobile qui cède au moindre vent ! Malheur à celui qui s'appuie sur ce roseau !

Luigi STURZO

La démocratie n'est pas un régime pour mineurs.

André SUARÈS

En politique, la sagesse est de ne point répondre aux questions. L'art, de ne pas se les laisser poser.

Publilius SYRUS

Celui qui sait se vaincre dans la victoire est deux fois vainqueur.

TACITE

Les esclaves volontaires ont fait plus de tyrans que les tyrans n'ont fait d'esclaves forcés.

• • •

Rare félicité des temps où il est permis de penser ce qu'on veut et de dire ce qu'on pense !

TAGORE

En fermant la porte à l'erreur, on risque de ne pas laisser entrer la vérité.

Hippolyte TAINE

Dix millions d'ignorants ne font pas un savoir. Un peuple consulté peut, à la rigueur, dire la forme de gouvernement qui lui plaît, mais non celle dont il a besoin ; il ne le saura qu'à l'usage.

• • •

Prenons garde aux accroissements de l'État et ne souffrons pas qu'il soit autre chose qu'un chien de garde.

Charles Maurice de TALLEYRAND-PÉRIGORD

La trahison est une affaire de dates.

• • •

C'est une intelligence obscurcie par le génie (disait-il de Napoléon).

• • •

Sans richesse, une nation n'est que pauvre ; sans patriotisme, c'est une pauvre nation.

• • •

L'opinion, qui est un contrôle utile, est un guide dangereux pour les gouvernements.

André TARDIEU

Le destin, monsieur : l'œuvre des forts, l'excuse des faibles.

• • •

On organise la guerre pour la faire finir. On organise la paix pour la faire durer.

• • •

On exige de plus en plus de l'État et on lui obéit de moins en moins. Plus on se sert de lui, moins on le sert.

Edmond THIAUDIÈRE

La règle est d'être avec tout ce qui souffre contre tout ce qui fait souffrir.

Gustave THIBON

À droite, on dort ; à gauche, on rêve.

• • •

Maintenant qu'on accorde toutes les licences, on enlève toutes les libertés. L'idéal résiderait dans le minimum d'ordre nécessaire pour assurer le maximum d'anarchie.

• • •

162

Les peuples ont toujours préféré ceux qui leur promettaient l'impossible à ceux qui leur donnaient le nécessaire.

Adolphe THIERS

Les besoins de l'homme constituent ses droits.

Henry THOREAU

La plupart des hommes mènent une vie de désespoir tranquille.

• • •

Ce n'est pas la majorité qui détermine le bien et le mal, mais la conscience.

Cardinal Eugène TISSERANT

Les Français adorent les révolutions mais ne supportent pas les changements.

TITE-LIVE

Ils ne peuvent souffrir ni les maux qui les accablent ni les remèdes qui les en délivreraient : *nec mala nec remedia pati possent.*

Alexis de TOCQUEVILLE

Ce que nous appelons des institutions nécessaires ne sont souvent que des institutions auxquelles nous sommes habitués.

• • •

En politique, la communauté des haines fait presque toujours le fond des amitiés.

• • •

Le plus grand soin d'un bon gouvernement devrait être d'habituer peu à peu les peuples à se passer de lui.

• • •

Nos contemporains sont incessamment travaillés par
deux passions ennemies : le besoin d'être conduits et
l'envie de rester libres... Ils se consolent d'être en tutelle
en songeant qu'ils ont eux-mêmes choisi leurs tuteurs.

• • •

Les petites nations ont été de tout temps le berceau
de la liberté politique.

Léon TOLSTOÏ

On n'humanise pas la guerre.

Achille TOURNIER

Grâce à la bureaucratie et au socialisme, il n'y aura
bientôt plus que deux partis en France : ceux qui vivent
de l'impôt et ceux qui en meurent.

TROTSKI

En période de révolution, il n'y a pas d'autre contrainte
que celle des circonstances. Une révolution n'éclate
que quand il n'y a pas d'autre issue.

Pierre Elliott TRUDEAU

Un bon gouvernement est gouvernement ennuyeux.

• • •

Si vous ne parvenez pas à comprendre vous-mêmes
pourquoi les Québécois veulent continuer à parler français, jamais personne ne réussira à vous l'expliquer.

• • •

C'est le choix qui se pose au Canada, et beaucoup de
Québécois pensent que ça ne vaudrait plus la peine
de vivre au Canada s'ils devaient se rendre compte,
un jour, qu'ils ne pourront plus parler la langue de leur
père, et celle que parlait le père de leur père. Vous
savez, le Québec pourrait bien décider de s'arranger
tout seul si vous ne voulez pas de nous.

• • •

164

Le Canada est un pays qui a été bâti contre tout bon sens géographique, historique, culturel.

Harry TRUMAN

La liberté c'est le droit du peuple à choisir parmi ceux qui auront le devoir de la limiter.

Serge TURGEON

C'est à nous de veiller au grain si nous ne voulons pas un jour veiller au corps.

Miguel de UNAMUNO

Le fascisme est la mort de l'intelligence.

Bertrand VAC

En politique, il vaut mieux avoir des amis que des principes.

• • •

La vie entière ne suffit pas toujours pour réparer l'erreur de naître dans un petit pays.

Pierre VADEBONCŒUR

La démocratie ne devrait pas se contenter de n'être pas la dictature.

• • •

Certaines gens, véritables handicapés d'une histoire idéaliste et passive, n'arrivent pas à saisir les lois brutes et rigoureuses de la politique.

• • •

Nous sommes les premiers dans l'Histoire à devenir les disciples de notre propre bassesse.

• • •

Les peuples qui se disent merde à eux-mêmes finissent par tomber dedans !

Roger VADIM

Il y a un danger à être trop de son temps ; c'est qu'on y reste.

Paul VALÉRY

La faiblesse de la force, c'est de ne croire qu'à la force.

• • •

Le réel est toujours dans l'opposition.

• • •

Ce qui au monde vieillit le plus vite : la nouveauté.

• • •

Un État est d'autant plus fort qu'il peut conserver en lui ce qui vit et agit contre lui.

• • •

Toute politique se fonde sur l'indifférence de la plupart des intéressés, sans laquelle il n'y a point de politique possible.

• • •

Toute politique implique une certaine idée de l'homme, et même une opinion sur le destin de l'espèce, toute une métaphysique qui va du sensualisme le plus brut jusqu'à la mystique la plus osée.

• • •

Un homme compétent, c'est un homme qui se trompe selon les règles.

• • •

Un chef est un homme qui a besoin des autres.

• • •

L'humanité ne progresse que par les extrêmes et ne dure que par les moyens.

• • •

Mettons en commun ce que nous avons de mieux et enrichissons-nous de nos différences.

• • •

Si l'État est fort, il nous écrase ; s'il est faible, nous périssons.

• • •

Il n'est pire folie que de vouloir que les choses survivent à leur raison d'avoir été.

• • •

La politique, c'est « l'art de consulter les gens sur ce à quoi ils n'entendent rien, et de les empêcher de s'occuper de ce qui les regarde ».

• • •

Le mensonge et la crédulité s'accouplent et engendrent l'opinion.

• • •

On ne peut faire de politique sans se prononcer sur des questions que nul homme sensé ne peut dire qu'il connaisse. Il faut être infiniment sot ou infiniment ignorant pour oser avoir un avis sur la plupart des problèmes que la politique pose.

• • •

Toute société est une sorte de rêve collectif.

Pierre VALLIÈRES

La politique, au fond, ne sert jamais qu'à prendre le pouvoir et non à le remettre radicalement en question au nom d'autre chose.

Getulio VARGAS

Je fais la révolution pour que le peuple ne la fasse pas.

VAUVENARGUES

Le prétexte ordinaire de ceux qui font le malheur des autres est qu'ils veulent leur bien.

• • •

La servitude abaisse les hommes jusqu'à s'en faire aimer.

• • •

L'art de plaire est l'art de tromper.

• • •

Les hommes ont la volonté de rendre service jusqu'à ce qu'ils en aient le pouvoir.

• • •

Les passions des hommes sont autant de chemins ouverts pour aller à eux.

• • •

Il est faux que l'égalité soit une loi de la nature. La nature n'a rien fait d'égal : la loi souveraine est la subordination et la dépendance.

• • •

L'utilité de la vertu est si manifeste que les méchants la pratiquent par intérêt.

Pierre Victurnien VERGNIAUD

Il a été permis de craindre que la Révolution, comme Saturne, dévorât successivement tous ses enfants.

Beroalde de VERVILLE

De quoi sont composées les affaires du monde ? Du bien d'autrui.

Louis VEUILLOT

Toute vérité est un fruit qu'on nomme paradoxe quand il est vert, et lieu commun quand il est mûr.

• • •

Quand je suis le plus faible, je vous demande la liberté parce que tel est votre principe ; mais quand je suis le plus fort, je vous l'ôte, parce que tel est le mien.

• • •

Le mot de liberté nous vient des pays des esclaves, il est sans usage dans un pays chrétien.

Gilles VIGNEAULT

Il n'y a de révolu que ce dont on ne témoigne plus.

• • •

168

Au Québec (depuis le référendum) nous sommes redevenus la minorité de 80 p. 100 que nous avons toujours été.

• • •

Le drapeau, c'est pour décorer le mât. Mais ça fait pas avancer le bateau.

• • •

Je m'ennuie d'un pays qui sera.

• • •

Il me reste un pays à te dire,
Il me reste un pays à nommer.
Il est au tréfonds de toi,
N'a ni président ni roi,
Il ressemble au pays même
Que je cherche au cœur de moi.
Voilà le pays que j'aime.

• • •

Il n'y a pas de temps à perdre ; il n'y a que du temps perdu.

Alfred de VIGNY

On ne doit ni amour, ni haine, pour les hommes qui gouvernent. On leur doit les sentiments qu'on a pour son cocher. Conduit-il bien, ou mal ? Voilà tout.

• • •

Le moins mauvais gouvernement est celui qui se montre le moins, que l'on sent le moins et que l'on paie le moins cher.

• • •

L'existence du soldat est (après la peine de mort) la trace la plus douloureuse de barbarie qui subsiste parmi les hommes.

Daniel VILLEY

Le désir effréné des futurs paradis terrestres n'est pas moins périlleux que l'attachement excessif aux héritages.

Léonard de VINCI

L'expérience prouve que celui qui n'a jamais confiance en personne ne sera jamais déçu.

VIRGILE

Quos vult perdere prius dementat Jupiter : Quand Jupiter veut perdre quelqu'un, il commence par le rendre fou.

Aulus VITELLIUS

Le corps d'un ennemi mort sent toujours bon.

Alexandru VLAHUTA

Prends garde au lendemain du succès !

VOLTAIRE

Il y a une autre canaille à laquelle on sacrifie tout, et cette canaille, c'est le peuple.

• • •

Ce que j'ai voulu, c'est la lumière, pas l'incendie.

• • •

La politique a sa source dans la perversité plus que dans la grandeur de l'esprit humain.

• • •

Il est à propos que le peuple soit guidé, non pas qu'il soit instruit : il n'est pas digne de l'être.

• • •

Le peuple ressemble à des bœufs à qui il faut un aiguillon, un joug et du foin.

• • •

On dit que Dieu est toujours du côté des gros bataillons.

• • •

Le monde avec lenteur marche vers la sagesse.

• • •

Les préjugés sont les lois du vulgaire.

• • •

170

L'esprit d'une nation réside toujours dans le petit nombre qui fait travailler le grand, est nourri par lui, et le gouverne.

• • •

On met la liberté en péril chaque fois qu'on s'attaque à celle des autres.

• • •

Crois-moi, la liberté, que tout mortel adore,
Donne à l'homme un courage, inspire une grandeur
Qu'il n'eût jamais trouvé dans le fond de son cœur.

• • •

Si l'homme est créé libre, il doit se gouverner ; si l'homme a des tyrans, il les doit détrôner.

• • •

L'injustice, à la fin, produit l'indépendance.

• • •

Quand la populace se mêle de raisonner, tout est perdu.

• • •

Je n'aime point à voir des citoyens qui cessent de l'être, des patriotes qui n'ont plus de patrie ; je veux que chaque État soit parfaitement indépendant.

• • •

L'égalité est à la fois la chose la plus naturelle et la plus chimérique.

• • •

L'intérêt est le plus grand monarque de la terre.

• • •

La politique est le premier des arts ou le dernier des métiers.

Pierre WALDECK-ROUSSEAU

Gouverner, c'est choisir entre deux inconvénients.

George WASHINGTON

La liberté est une plante qui croît vite une fois qu'elle a pris racine.

Max WEBER

L'État est une communauté humaine qui revendique pour son propre compte le monopole de la violence physique légitime.

Simone WEIL

La justice est une fugitive qui a tendance à fuir le camp des vainqueurs...

• • •

Ce n'est pas le chemin qui est difficile, c'est le difficile qui est le chemin.

Hubert George WELLS

La civilisation est une course entre l'éducation et la catastrophe.

Walter A. WHITE

La liberté est la seule chose que vous ne pouvez posséder à moins de l'assurer aux autres.

John Hay WHITNEY

It is not sporting to be a good loser when the prize that is lost is freedom. (Il n'y a pas d'élégance à être un bon perdant quand l'enjeu perdu est la liberté.)

Oscar WILDE

Il faut rester médiocre pour être populaire.

• • •

Effacer le passé, on le peut toujours. Mais on n'évite pas l'avenir.

• • •

Rendre les hommes socialistes n'est rien, mais humaniser le socialisme est une grande chose.

Albert WILLEMETZ

L'apogée, c'est le commencement du déclin.

Michel WINOCK

Une nation qui veut vivre, ça ne se démontre pas ; on la sent comme les battements d'un cœur.

John WINTHROP

La liberté est la fin et le but de l'autorité sans laquelle elle ne saurait subsister.

XÉNOPHON

La plus grande imposture est de prétendre gouverner les hommes lorsqu'on n'en a pas la capacité.

VÉRITÉS
EN
VRAC

Ce sont des pensées dont je n'ai pu retracer le nom de l'auteur mais qui me paraissent dignes d'être retenues.

On dirait de Saint-Just : « Cet homme est dangereux : il croit tout ce qu'il dit. »

• • •

En politique, mieux vaut une solution imparfaite exigée par l'urgence d'aujourd'hui qu'une solution idéale qui viendrait trop tard.

• • •

Il y a des diadèmes qui sont des couronnes d'épines.

• • •

L'Histoire ne s'écrit pas au passé, elle se vit au présent en pensant à l'avenir.

• • •

La plus belle victoire de l'histoire militaire fut une défaite : celle de Léonidas aux Thermopyles.

• • •

La liberté, ça ne consiste pas à faire ce qu'on veut, mais à pouvoir faire ce que l'on doit vouloir.

• • •

Le voyage le plus long commence par le premier pas.

• • •

Le crime ne paie pas. Quand il paie, on l'appelle tout de suite autrement : succès, compétence, réussite, etc.

• • •

La politique d'aide au Tiers-Monde, ce sont des sommes versées par les gens pauvres des pays riches aux gens riches des pays pauvres !

• • •

Le sage est avant tout celui qui sait qu'il vaut mieux changer ses désirs plutôt que l'ordre du monde.

• • •

La politique fait quelquefois que le patriotisme condamne les peuples aux travaux forcés de l'honneur.

• • •

Les ennemis de la liberté font si bien le mal que nous n'avons pas le droit de mal faire le bien.

• • •

Les révolutionnaires, qui ont tant pitié de la misère humaine, sont souvent ceux qui répandent le plus de sang pour la soulager.

• • •

Pour être bon politique, il faut penser en homme d'action et agir en homme de pensée.

• • •

Savoir égale pouvoir. Pouvoir égale devoir.

• • •

Le passé est une réalité polyvalente. Il est, dirait-on aujourd'hui, une valeur dialectique : il est en même temps ce sur quoi l'on s'appuie et ce dont on se libère ; ce à quoi on est fidèle mais ce qu'on doit dépasser. Et en fait on n'y est fidèle qu'en le dépassant : ainsi la véritable tradition appelle la révolution.

• • •

La pierre rencontrée en chemin est un obstacle pour le faible ; mais pour le fort, c'est un gradin pour l'élever.

• • •

La victoire est à ceux qui tiennent une minute de plus.

• • •

Une société vit de contrainte et meurt de liberté.

• • •

L'élite n'est jamais le nombre ; elle est le ferment de la pâte.

• • •

Les choses ne sont jamais aussi bonnes qu'on l'espère mais jamais aussi mauvaises qu'on le craint.

• • •

Un conservateur, c'est un libéral au pouvoir.

• • •

L'honnêteté n'est une vertu que lorsqu'elle réussit.

• • •

Ceux qui ont ce dont ils ont besoin aiment bien dire à ceux qui ne l'ont pas qu'ils n'en ont pas vraiment besoin !

• • •

Le peuple n'accepte pas les vérités qui viennent trop tôt.

• • •

Les partis politiques se font élire sur des programmes de droite ou de gauche, mais ils gouvernent au centre.

• • •

Qui veut devenir dragon doit manger beaucoup de petits serpents.

• • •

On ne nettoie pas les écuries d'Augias avec un plumeau.

• • •

Choisir de ne pas choisir, c'est aussi choisir.

• • •

Pour bien gouverner, il faut quelquefois servir le peuple malgré lui.

• • •

Quand le mal a toutes les audaces, le bien doit avoir tous les courages.

• • •

La seule manière d'éviter la révolution c'est de la faire.

• • •

On peut trahir sans le vouloir expressément... par omission.

• • •

Si vous voulez qu'ils votent « conservateur », donnez-leur quelque chose à conserver.

• • •

Il y a deux dangers qui guettent toute société : l'ordre et le désordre !

• • •

Quand les hommes de notre époque ne peuvent pas changer les choses, ils changent les mots.

• • •

Le grand désarroi à notre époque tient à ce que les solutions simples abondent, mais que les problèmes simples sont rares.

• • •

À 20 ans, on descend dans la rue ; à 40, on donne des conseils ; à 60, on ferme les volets.

• • •

Toujours à gauche, mais pas plus loin !

• • •

Une défaite qui comporte une bienfaisante leçon, c'est une victoire.

• • •

Le monde est une société de fous gouvernés par les plus notables d'entre eux.

• • •

Les radicaux d'hier sont les libéraux d'aujourd'hui et
les conservateurs de demain.

• • •

Selon Nietszche, Napoléon 1er était « la synthèse du
héros et du monstre ».

• • •

Avec des idées de gauche et un tempérament de droite,
on fait un fasciste.

• • •

La majorité n'est pas un critère de vérité ni de justice.

• • •

Ce n'est pas parce qu'on est petit qu'on ne peut pas
être grand.

• • •

La culture sans la souveraineté, c'est les mots sans les
choses.

• • •

La dernière étape dans un comportement de colonisé,
c'est de se servir à soi-même les reproches du colo-
nisateur.

• • •

Le pluralisme est le commun dénominateur de la
démocratie.

• • •

La différence entre une démocratie et une dictature,
c'est qu'en démocratie, on paie le chef de l'opposition
au lieu de le fusiller.

• • •

En politique comme en amour, c'est la liberté qui
enchaîne le mieux.

• • •

Quand un homme se pense trop fin pour accepter des
ordres, il ne l'est pas assez pour en donner.

• • •

Quand tout va de travers, c'est celui qui marche droit qui passe pour aller de travers.

• • •

Une majorité ne fait pas une vérité.

• • •

La politique fait d'étranges compagnons de lit (dicton américain).

• • •

La véritable révolution tranquille reste encore à venir. C'est celle qui se fera avec l'indépendance du Québec.

• • •

Il faut faire vite ce qui ne presse pas pour pouvoir faire lentement ce qui presse.

• • •

Les petits peuples qui sont sans État sont menacés de disparition : l'Histoire est pleine de peuples morts.

• • •

Un anglophone d'Ottawa a dit un jour : « Vous vous êtes fait battre sur les plaines d'Abraham en 1759 et vous vous êtes battus vous-mêmes au référendum en 1980 ; il serait temps de passer et de penser à autre chose. »

• • •

Celui qui sait s'effacer à temps brille encore dans l'ombre.

• • •

Méfiez-vous des romantiques de la pureté dans l'échec, de ces moralistes qui se réfugient dans la noble sécurité de la tour d'ivoire et ne sont que les citoyens d'honneur de la république des belles âmes. Ces puristes ressemblent à ce simple d'esprit (dont parlait Horace) qui attendait que la rivière ait fini de couler pour la traverser.

• • •

La liberté, c'est l'état le plus difficile à vivre.

• • •

La liberté est une garce qui demande à être couchée sur un matelas de cadavres.

• • •

La faiblesse des grands hommes, c'est de mourir trop tôt ou trop tard.

• • •

Le mensonge est une si bonne chose en diplomatie qu'il ne faut pas en abuser.

• • •

Le succès, sans la morale, est un échec.

• • •

Le succès en politique ça consiste à faire les choses ordinaires d'une façon extraordinaire.

• • •

Le mérite n'est pas dans ce que l'on sait mais dans ce que l'on fait.

• • •

Mieux vaut être un chien en liberté qu'un lion en cage (maxime arabe).

• • •

Ma liberté finit où commence le droit des autres.

• • •

Dieu créa la liberté ; l'homme inventa l'esclavage.

• • •

Le libéralisme économique, c'est la liberté du renard dans le poulailler.

• • •

L'aptitude des hommes à la justice rend la démocratie possible ; mais leur inclination vers l'injustice rend la démocratie nécessaire.

• • •

Une erreur ne devient pas une vérité du seul fait qu'elle est faite par la majorité, et une vérité ne devient pas une erreur parce que seule une minorité la veut.

• • •

La démocratie, c'est la dictature de la médiocrité !

• • •

Tous les absolutismes sont des esclavages, y compris l'absolutisme de la liberté. La liberté absolue, c'est la tyrannie de la liberté.

• • •

Les seules libertés qui restent en ce pays sont celles dont jouissent ceux qui nous les ôtent.

• • •

La démocratie, c'est la royauté du peuple.

• • •

À quoi faut-il adhérer et se soumettre ? À la loi démocratique du nombre ou à la loi aristocratique de l'excellence ?

• • •

Voilà bien le dilemme de la démocratie, sa grandeur et sa faiblesse : elle laisse le champ libre à toutes les opinions, même à celles qui militent pour la détruire.

• • •

La démocratie, c'est l'irrationnel collectif.

• • •

Gouverner, c'est dépenser.

• • •

En démocratie, ce n'est pas la raison qui triomphe, c'est la majorité.

• • •

Au balcon de l'Histoire, il y aura toujours des sœurs Anne pour ne voir jamais rien venir.

• • •

Si tu t'arrêtes à jeter des pierres aux chiens qui aboient contre toi, tu n'arriveras jamais au but de ton voyage (proverbe).

• • •

Les idéologies sont des flammes : elles brillent et fascinent, mais elles brûlent aussi et allument la fureur.

• • •

La révolution doit être évolutionnaire si elle veut être efficace et ne pas être le monstre qui se dévore la queue.

• • •

Il faut de tout pour faire un monde, mais si peu pour le défaire.

• • •

Qu'est-ce que la révolution ? La furieuse espérance du bonheur.

• • •

Il faut parfois avoir le courage d'être lâche, quand un bien supérieur l'exige.

• • •

Il faut sans cesse soumettre la révolution à la révolution.

• • •

Gouverner, c'est gérer l'imprévisible.

• • •

Habitons le présent comme des hommes venus de l'avenir.

• • •

La bêtise des puissants, c'est d'acculer les pauvres au désespoir. Et quand le désespoir devient collectif la révolution éclate par combustion spontanée. Parce que la force des petits, c'est de n'avoir rien à perdre.

• • •

Ce sont toujours des petits-bourgeois qui font les partis révolutionnaires. Lénine, Mao, Castro étaient des petits-bourgeois !

• • •

Les chaînes peuvent servir à forger des glaives.

• • •

La révolution, c'est toujours la civilisation de l'être qui cherche à remplacer la civilisation de l'avoir.

• • •

La tragédie de la politique, c'est que ceux qui peuvent ne savent pas ; ceux qui savent ne peuvent pas ; et ceux qui savent et qui peuvent ne veulent pas.

• • •

Devant le passé, tirons notre chapeau. Devant l'avenir, retroussons nos manches.

• • •

La liberté consiste à pouvoir faire tout ce qui ne nuit pas à autrui.

• • •

Le temps ne respecte pas ce que l'on fait sans lui.

• • •

La liberté, c'est le droit de mal penser peut-être mais pas celui de mal faire.

• • •

Il y a bien des gens qui sont en liberté mais qui ne sont pas libres. Être libre, c'est en avoir les moyens. Les pauvres sont esclaves en liberté.

• • •

Quand deux esclaves se rencontrent, ils disent du mal de la liberté.

• • •

Être libre, c'est pouvoir choisir ses liens.

• • •

Le droit de la personne à la liberté n'implique pas celui de l'enlever aux autres.

• • •

La liberté laissée libre devient liberticide. Elle n'est plus qu'une sauvage servitude dès que son usage n'est plus soumis à la règle de la raison. La libération de l'instinct, ça peut être magnifique et prometteur de géniale création dans certains domaines — l'art par exemple — mais elle devient une démentielle autodestruction et une chevauchée néantifique dès qu'on lui enlève la bride et les guides de la raison. L'Histoire est là pour en témoigner : toutes les fois que l'homme a réclamé le droit à la liberté, ce fut pour en abuser en en faisant un absolu. C'est à se demander si, en certaines matières, l'interdit n'est pas plus bienfaisant que la permission. En tout cas, sinon l'interdit, du moins le contrôle, la réglementation. Pensez au commerce des drogues par exemple : la tolérance de sa liberté est une contribution directe à la déchéance des hommes. Le droit à la santé pour le peuple est aussi important que le droit au poison pour l'individu. Le droit de l'individu à l'euphorie du poison n'empêche pas le devoir de l'État de protéger le peuple contre ce qui le tue.

• • •

La liberté de faire le mal, est-ce une valeur si grande ?

• • •

Pour que le « char de l'État » fonctionne bien, il faut qu'il ait
1- une bonne structure, c'est-à-dire une constitution qui garantit la sécurité des occupants — citoyens ;
2- un bon moteur : la liberté ;
3- de bons freins : la loi ;
4- un volant solide : l'autorité ;
5- une bonne essence : l'argent ;
6- et surtout un chauffeur qui sait conduire, qui connaît la mécanique et... qui sait où il va.

• • •

Libre, il l'est de toute la longueur de sa chaîne.

• • •

De nos jours, presque partout, la liberté végète à l'état de nostalgie.

• • •

Quand le peuple commence à comprendre, il cesse d'obéir.

• • •

Il est plus raisonnable de compter les têtes que de les couper.

• • •

La révolution, qu'est-ce que c'est ? Quand la violence s'arrête, des politiciens reprennent le pouvoir, et il ne reste, chaque fois, qu'une cause perdue. Rien.

• • •

Toutes les révolutions ont fini par se dégrader en bourgeoisies.

• • •

L'assassinat des tyrans n'est qu'un acte de chirurgie politique.

• • •

Une révolution, c'est le terme d'une évolution ; c'est une évolution révolue.

• • •

La révolution est le plus efficient maturatif qui soit pour les sociétés en décadence.

• • •

Les révolutions ne sont souvent que des retours brusques à des traditions oubliées dans l'Histoire.

• • •

Les pires ennemis du genre humain sont ceux qui détruiraient le monde pour le rendre meilleur.

• • •

Chaque révolution enfante ses bourgeois.

• • •

Rien ne rattache à un gouvernement qui ne vaut rien
comme une place qui rapporte quelque chose.

• • •

Les chiens aboient, les crapauds bavent et la caravane
passe.

• • •

Si tu crois être arrivé, c'est que tu n'allais pas bien loin.

• • •

La neutralité, c'est de la frigidité politique.

• • •

En politique, la plus haute branche n'est pas le perchoir
le plus sûr.

• • •

Il y a des honneurs qui déshonorent.

• • •

En démocratie, ce n'est pas la raison qui triomphe, c'est
la majorité.

• • •

N'abusons pas des référendums : le premier connu dans
l'Histoire a choisi Barabbas contre le Christ.

• • •

Il n'y a de nouveau que ce qui a été oublié, disait la
modiste de Marie-Antoinette.

• • •

La passion rend parfois les hommes sublimes, mais elle
peut aussi les rendre fous.

• • •

Le marxisme, c'est l'opinion des intellectuels.

• • •

Les révolutions, comme le dit le mot, sont des mouvements en courbe fermée qui assurent le retour périodique d'événements identiques.

• • •

Le terme « révolution », contrairement à ce que veut une opinion fort répandue et d'ailleurs sans cesse nourrie par la propagande de l'ordre établi, ne connote absolument pas, de soi, le recours à la violence armée, mais signifie ni plus ni moins une initiative humaine de transformation rapide et profonde des structures et des mentalités.

• • •

La révolution de la justice, c'est la violence des pacifiques.

• • •

Révolution : retour d'un astre au point d'où il était parti... état d'une chose qui s'enroule.

• • •

Plusieurs avant-gardes se sont révélées n'être que des à-côtés.

• • •

On ne peut être révolutionnaire que si la situation l'est.

• • •

La révolution est inévitable quand il devient légitime de renverser par la violence déclarée la violence instituée.

• • •

Les révolutionnaires sont des hommes d'ordre ; les révoltés ne sont que des émeutiers.

• • •

Toute révolution est une ascèse.

• • •

On peut embrasser une cause sans se croire obligé de
l'épouser !

• • •

L'argent n'a pas d'odeur... sauf quand il se mêle à la
politique ; alors il sent mauvais.

• • •

Tout homme est menteur (Psaume CXV).

• • •

La politique est un mélange d'idéologie et de cynisme.

SOURIRES

Du moment qu'on rit des choses, elles ne sont plus dangereuses.

Raymond Devos

Passé l'enfance, on devrait savoir une fois pour toutes que rien n'est sérieux.

Jean Rostand

Vous pensez bien, vous aussi, j'en suis sûr, que si la politique ne prêtait pas aussi généreusement son flanc aux flèches dont elle est la cible depuis toujours, elle deviendrait d'un insupportable ennui.

C'est même sa vulnérabilité qui la rend sympathique malgré tout. Sa dimension comique ne fait qu'ajouter à son humanité.

Si vous voulez être toujours gagnant en politique, inscrivez-vous au parti... d'en rire !

Alphonse ALLAIS

La logique mène à tout, à condition d'en sortir.

Rollande ALLARD-LACERTE

Au Québec, la révolution était tellement tranquille que les gens se sont endormis dessus.

Raymond ARON

Être de droite, être de gauche, c'est être hémiplégique.

Michel AUDIARD

On partage toujours la merde, jamais le pognon !

Yvan AUDIARD

L'une des recettes les plus certaines de la réussite est le naturel dans l'hypocrisie.

Jules BARBEY D'AUREVILLY

Si Judas vivait, il serait ministre d'État.

Phineas Taylor BARNUM

There's a sucker born every minute.
À chaque minute, il y a un cave qui vient au monde.

BAUDELAIRE

La Révolution a été faite par des voluptueux.

Hervé BAZIN

Nul n'a jamais bien su
Où était le siège de la conscience :
Ce qui est certain
C'est qu'on peut s'asseoir dessus.

BEAUMARCHAIS

Je m'empresse de rire de tout de peur d'être obligé d'en pleurer.

Maurice BELLEMARE

C'est pas la pesanteur de la masse qui compte, c'est le swing du manche.

Charles BENOÎT

N'importe qui étant bon à n'importe quoi, on peut n'importe quand le mettre n'importe où.

Georges BERNANOS

Le premier devoir d'un écrivain est d'écrire ce qu'il pense, coûte que coûte. Ceux qui préfèrent mentir n'ont qu'à choisir un autre métier — celui de politicien, par exemple.

• • •

L'intellectuel est si souvent un imbécile que nous devrions toujours le tenir pour tel, jusqu'à ce qu'il nous ait prouvé le contraire.

Philippe BERTHELOT

Pour être diplomate, il ne suffit pas d'être bête, il faut encore être poli.

Ambrose BIERCE

La guillotine est une machine qui fait hausser les épaules !

Léon BLOY

Il devint sénateur, ce qui est une façon lucrative de n'être absolument rien.

• • •

On ne peut être et avoir été. Mais si ! On peut avoir été un imbécile et l'être toujours.

Pierre BOURGAULT

Don't shoot, shout !
(Ne tirez pas, gueulez !)

Léonce BOURLINGUET

On entre dans un parti comme la sardine dans une boîte : en renonçant à sa tête, trop content d'avoir encore sa queue !

James E. BRADLEY

L'orgasme est une invention du socialisme.

Georges BRASSENS

Mourir pour des idées, d'accord, mais de mort lente !

Jacques BREL

Les bourgeois, c'est comme les cochons
Plus ça devient vieux, plus ça devient bêtes

Les bourgeois, c'est comme les cochons
Plus ça devient vieux, plus ça devient cons.

Albert BRIE

Avant de mourir pour une idée, regardez-y à deux fois,
et demandez-vous s'il ne vaudrait pas mieux que l'idée
meure à votre place.

• • •

Le pouvoir, c'est une opposition qui a mal tourné.

• • •

Gouverner, c'est prévoir... les prochaines élections !

• • •

Nous sommes des Québécois à peur entière.

• • •

Le propre du politicien, c'est de se faire salir.

• • •

Pour un politicien, une bonne tête, c'est la moitié de
son siège.

• • •

Maître chez nous : slogan de ceux qui veulent reprendre
ce qui leur appartient en le payant une deuxième fois.

• • •

Québec : belle province dans un piètre État.

• • •

Joual : langue utilisée dans la décomposition française.

• • •

J'admire les hommes d'action qui se passionnent à
froid ; autrement dit, ces caractères qui sont tout feu,
tout flegme.

• • •

La foule n'est pas aussi bête qu'on le dit ; elle l'est
davantage.

• • •

La démocratie, dit-on, a vu le jour à Athènes. Pas étonnant que la plupart des gens n'y entendent rien : c'est
du grec.

• • •

Les peuples peureux ne veulent pas d'histoire.

• • •

L'unité canadienne... notre souverain poncif !

• • •

Le passé est mort, l'avenir n'est pas né, et le présent n'en a pas pour longtemps.

N. Murray BUTLER

Je classe les hommes en trois catégories : ceux qui provoquent les événements ; ceux qui les regardent passer ; et l'écrasante majorité de ceux qui n'ont pas la moindre idée de ce qui se passe.

Léo CAMPION

Il vaut même mieux être cocu que ministre. Ça dure plus longtemps. Et l'on n'est pas obligé d'assister aux séances.

• • •

Électeur : mouton qui choisit ceux qui vont le tondre.

• • •

La minorité aussi est composée d'imbéciles, mais ils sont moins nombreux.

• • •

Dans Parlement, il y a parle et ment, disait Léo Campion. Ce qui inspira le titre qu'Yves Michaud, alors scribe, donna à un de ses articles : « Les parlementeurs ».

Alfred CAPUS

La politique est l'art d'obtenir l'argent des riches et les suffrages des pauvres, sous prétexte de les protéger les uns des autres.

Jean CAU

Le pouvoir est un alcool que les grands hommes boivent pur et les politiciens démocrates avec beaucoup d'eau.

CAVANNA

Gauche, droite, piège à cons !

Louis-Ferdinand CÉLINE

Autrefois, on pendait les voleurs aux croix. Aujour-d'hui, on pend les croix aux voleurs.

Gilbert CESBRON

À force d'accepter les honneurs, on finit par croire qu'on les mérite.

CHAMFORT

Sois mon frère... ou je te tue !

Reggie CHARTRAND

J'ai été une charrue de l'indépendance.

Winston CHURCHILL

Christophe Colomb fut le premier socialiste : il ne savait pas où il allait, il ignorait où il se trouvait, et tout cela aux frais des autres.

Emil CIORAN

Tous les penseurs sont des ratés de l'action qui se vengent de leur échec par l'entremise des concepts.

Paul CLAUDEL

La tolérance ! La tolérance ! Il y a des maisons pour ça.

Georges CLÉMENCEAU

La démocratie ? Savez-vous ce que c'est ? Le pouvoir pour les poux de manger les lions.

• • •

Une âme de lapin dans une peau de tambour, disait-il en parlant d'Aristide Briand.

• • •

Un traître est celui qui quitte son parti pour s'inscrire à un autre ; et un converti, celui qui quitte cet autre pour s'inscrire au vôtre.

• • •

Il y a deux choses inutiles ici-bas : la prostate et la présidence de la République.

• • •

Ce qu'il y a de plus difficile dans une révolution, c'est de préserver la porcelaine.

• • •

Gouverner avec des baïonnettes est à la portée du premier imbécile venu.

• • •

La guerre ! C'est une chose trop grave pour la confier à des militaires.

• • •

L'État a une longue histoire. Elle est pleine de sang.

• • •

Apprenant que le président de la République — et son ennemi intime —, l'heureux Félix Faure, venait de mourir de plaisir dans les bras de sa trop vigoureuse petite maîtresse, Clémenceau laisse partir ce mot, devenu historique : « En voilà un autre qui s'était cru César et qui est mort Pompée ! »

• • •

Parlant d'Aristide Briand, Clémenceau eut ce coup de griffe : « C'est un con, mais il n'en a ni le charme ni la profondeur ! »

COLUCHE

Pour devenir politicien, il faut faire quatre ans de droit, et le reste de sa vie tout croche.

198

Jean-Louis COMMERSON

L'homme d'argent entre en décomposition avant sa mort : cela commence chez lui par la putréfaction de la conscience.

Pierre CORNEILLE

Et le désir s'accroît *quand l'effet se recule.* (C'est le soixante-neuvième vers de *Polyeucte.*)

Jean COURNOYER

Toutes les promesses que je vais vous faire, c'est vous qui allez les payer.

Georges COURTELINE

Savez-vous ce qui arriverait au Sahara si on y installait le communisme ? Pendant cinquante ans, rien. Au bout de cinquante ans, pénurie de sable.

• • •

Un ministère, c'est un endroit où ceux qui arrivent en retard croisent dans l'escalier ceux qui partent en avance.

Louise COUSINEAU

Si on veut que l'État dépense moins, il faut lui donner moins d'argent.

Pierre DAC

L'avenir, c'est du passé en préparation.

Pierre DANINOS

La France ? Une nation de bourgeois qui se défendent de l'être en attaquant les autres parce qu'ils le sont.

• • •

La France est le seul pays du monde où, si vous ajoutez dix citoyens à dix autres, vous ne faites pas une addition, mais vingt divisions.

DANTON

Quand on baise, on ne conspire pas.

Clarence DARROW

Quand j'étais petit gars, on m'a dit qu'aux États-Unis, n'importe qui pouvait devenir président ; je commence à le croire.

Léon DAUDET

La démocratie, c'est la Révolution couchée, et qui fait ses besoins dans ses draps.

• • •

Les seules ententes internationales possibles sont des ententes gastronomiques.

Casimir DELAVIGNE

Tout s'arrange en dînant dans le siècle où nous sommes. Et c'est par des dîners qu'on gouverne les hommes.

Auguste DETŒUF

Évitez ceux qui parlent de leur honnêteté ; ils vous roulent. Traitez avec celui qui se vante d'avoir roulé autrui ; c'est qu'il n'en a pas l'habitude.

Denis DIDEROT

Se faire tuer ne prouve rien ; sinon qu'on n'est pas le plus fort.

Maurice DONNAY

La règle d'or du parfait politicien serait : écouter en souriant et avec une attention ostensiblement émue des choses qu'il sait dites par quelqu'un qui les ignore.

Maurice DUPLESSIS

Un bon gouvernement n'a pas besoin d'opposition.

Yvon DUPUIS

Le gouvernement de Bourassa est un gouvernement préfabriqué à tous points de vue et formé d'une équipe qui débande.

• • •

J'ai l'impression de parler aussi bien français que Claude Ryan. Je parle aussi bien français que Michel Chartrand, tabarnaque !

• • •

C'est quasiment mieux de ne pas vivre que de vivre dans un pays socialiste.

Jean DUTOURD

Les gouvernements ont un intérêt certain à ce que le peuple soit obsédé par les phantasmes érotiques. Quand le cochon se réveille dans le cœur des hommes, le militant s'endort. Tout ce qui anesthésie les masses fait l'affaire des gouvernements.

Albert EINSTEIN

Je méprise profondément celui qui peut, avec plaisir, marcher en rang et formation derrière une musique : ce ne peut être que par erreur qu'il a reçu un cerveau ; une moelle épinière lui suffirait amplement.

• • •

La pire des institutions grégaires se nomme l'armée. Je la hais.

Georges ELGOZY

Révolution : mot formé de « rêve » sans fin et de « solution » sans commencement.

• • •

Jamais un singe ne se vanterait de descendre de l'homme.

• • •

Les fonctionnaires font les meilleurs maris. Quand ils rentrent le soir, ils ne sont jamais fatigués et ils ont déjà lu leur journal.

• • •

« Plus haut monte la courtisane, plus elle montre son cul », dit Montaigne. Et plus elle montre son cul, plus haut elle peut monter. Le plus vicieux des cercles.

• • •

Référendum : gallup officiel de la sottise populaire.

• • •

Responsabilité collective : somme de toutes les irresponsabilités individuelles.

• • •

Tous les hommes sont frères. De là vient qu'ils ne s'entendent pas.

• • •

En politique, monter, c'est « ramper à la verticale et sur une grande échelle ».

• • •

Un citoyen imbécile est un imbécile tout court ; un ministre imbécile, c'est un imbécile qui règne.

• • •

Personne n'est plus libre que le citoyen. Il peut faire tout ce que lui permettent ses lois, ses gendarmes, son épouse, son patron, sa conscience, sa tension, ses moyens. Et l'opinion publique.

• • •

Les médiocres se valorisent aux côtés d'un chef comme des zéros à la droite d'un chiffre.

• • •

Gouverner : suivre ses suiveurs en ayant l'air de les précéder.

• • •

Technocrate : jeune monsieur sans aucun pouvoir, mais qui en abuse.

• • •

Homme public : masculin de fille publique.

André FIGUÉRAS

Si tout le monde avait le derrière aussi triste que Michel Debré a la figure, il paraît évident qu'il n'y aurait, sur cette terre, pas un seul pédéraste.

Gustave FLAUBERT

Pour moi, le meilleur gouvernement, c'est celui qui agonise, parce qu'il va faire place à un autre.

• • •

Tout le rêve de la démocratie est d'élever le prolétaire au niveau de bêtise du bourgeois.

Antoine Quentin FOUQUIER-TINVILLE

La République n'a pas besoin de chimistes !

Yves FREMION

Les révolutions, ce sont les orgasmes politiques de l'Histoire.

Charles de GAULLE

La pire calamité après un général bête... c'est un général intelligent !

• • •

Les généraux, au fond, me détestent. Je le leur rends bien. Tous des cons.

Théophile GAUTIER

La démocratie, c'est la soumission de la tête intelligente, qui est une, aux pieds imbéciles mais qui sont deux.

Françoise GIROUD

Le métier de ministre rend idiot.

• • •

Le pouvoir est un avatar de la sexualité.

Adélard GODBOUT

Je suis prêt à aller moi-même cirer les bottes de nos soldats canadiens en Angleterre pour aider l'effort de guerre...

Remy de GOURMONT

La politique dépend des hommes d'État, à peu près comme le temps dépend des astronomes.

GUERMANTÈS

Deviens ce que tu es, a écrit Nietzsche. Et il devint fou.

Albert GUINON

Ne promettez jamais que l'impossible. Ainsi, vous n'aurez rien à vous reprocher.

Sacha GUITRY

On peut violer l'Histoire à condition de lui faire un bel enfant !

• • •

En cherchant bien, l'on trouverait à la plupart des bonnes actions des circonstances atténuantes.

• • •

Faisons la paix : séparons-nous !

204

John GUNTHER

J'ai connu un politicien qui essayait de sauver ses deux faces.

Marcel HAMEL

Les urnes électorales sont les pots de chambre de la démocratie !

Rex HARRISON

S'il est satisfait de quelqu'un ce ne peut être que de lui : « Je n'ai jamais été amoureux que de moi-même, car c'est la seule façon de n'avoir pas de rival. »

Sir William HAYTER

Négocier avec les Soviétiques c'est se colleter avec un distributeur automatique hors d'usage qui a avalé votre pièce de monnaie : il peut être utile de secouer la machine, mais il ne sert à rien de lui parler.

Friedrich HEGEL

Le peuple, c'est la partie de l'État qui ne sait pas ce qu'elle veut.

Édouard HERRIOT

Le Sénat est une assemblée d'hommes à idées fixes, heureusement corrigée par une abondante mortalité.

Robert HOLLIER

L'avantage d'un général, c'est celui des médecins : leurs erreurs, ils les enterrent.

Edgar HOWE

Si les imbéciles ne contrôlent pas le monde, ce n'est pas parce qu'ils ne sont pas la majorité.

Elbert HUBBARD

Un conservateur, c'est un gars qui est trop peureux pour se battre et trop gras pour courir.

Victor HUGO

Aboutir est un art.

• • •

Grands hommes ! Voulez-vous avoir raison ? Mourez aujourd'hui.

• • •

C'est à l'ironie que commence la liberté.

• • •

M. Guizot est personnellement incorruptible et il gouverne par la corruption. Il me fait l'effet d'une femme honnête qui gouvernerait un bordel.

Henrik IBSEN

Les savants sont inexcusables de torturer les animaux : ils n'ont qu'à faire leurs expériences sur les journalistes et les politiciens.

Alfred JARRY

Les idées, c'est comme les chaussettes : si on n'en change pas de temps en temps, elles puent.

Henri JEANSON

La liberté est une peau de chagrin qui rétrécit au lavage de cerveau.

• • •

Les généraux qui meurent à la guerre commettent une faute professionnelle.

• • •

La démocratie, dit-on, c'est la loi du plus grand nombre. Or « on sait que le plus grand nombre est celui qui comporte le plus de zéros !... »

• • •

La démocratie, c'est quand on sonne chez vous à six heures du matin... et que c'est le laitier.

• • •

Le capitalisme, c'est l'exploitation de l'homme par l'homme. Et le communisme, c'est le contraire.

• • •

Moi je suis marxiste de la tendance Groucho !

• • •

La Révolution ! La Révolution ! Nous avons choisi pour lui couper la tête le seul roi qui n'en avait pas.

• • •

Le Christ n'a jamais dit : « Aimez-vous les uns les autres. » C'est une coquille. Il a dit : « Armez-vous les uns les autres. » Il a d'ailleurs été compris.

Frédéric JOLIOT-CURIE

Je suis communiste parce que cela me dispense de réfléchir.

Jean-François KAHN

La droite : là est ancrée une impressionnante armada d'esprits étroits, d'idées poussiéreuses, de réflexes conditionnés, de réflexions figées, de pensées rétrogrades, d'insondable bêtise, d'ignorance crasse, d'intelligences sclérosées, d'imaginations absentes, de regards obscurcis par les œillères de l'obscurantisme.

Alphonse KARR

Pour être heureuse, l'opposition n'a qu'un désir à réaliser : cesser d'être.

Nikita KHROUCHTCHEV

Les Occidentaux ont plusieurs voix pour exprimer la variété de leurs opinions. Moi je suis le seul à parler au nom de toutes les Russies ; il faut bien que je me contredise de temps en temps !

LA ROCHEFOUCAULD

Le ridicule déshonore plus que le déshonneur.

LA TOUR DU PIN

La tyrannie du nombre est pire que la tyrannie d'un seul.

Paul LÉAUTAUD

Le plus grand nombre est bête, il est vénal, il est haineux. C'est le plus grand nombre qui est tout. Voilà la démocratie.

Tex LECOR chante Georges Langford :

Tant qu'il restera quelque chose dans le frigidaire, je prendrai le métro, je fermerai ma gueule pis je laisserai faire.

Sinclair LEWIS

Les États-Unis d'Amérique ? Une morne société qui avale une fade nourriture et vient s'asseoir en bras de chemise, la tête vide de pensées, dans des rocking-chairs tout bardés d'ornements ridicules, pour écouter de la musique mécanique, en disant mécaniquement des phrases sur l'excellence des automobiles Ford, tout en se considérant comme le premier peuple du monde.

Trygve LIE

Un bon diplomate est quelqu'un qui peut égorger son voisin sans que celui-ci le remarque.

Gabriel LOUBIER

Les sondages sont une tricherie viscéralement écœurante !

• • •

Yvon Dupuis tuerait sa mère pour assister à un pique-nique d'orphelins.

LOUIS-PHILIPPE

Êtes-vous bien sûr qu'il soit mort ? C'est qu'avec Talleyrand il ne faut jamais juger sur les apparences, et je me demande quel intérêt il pouvait bien avoir à mourir en ce moment.

Doris LUSSIER

Dans l'opposition, c'est comme dans le mariage : c'est pas drôle le devoir quand il n'y a pas le pouvoir !

• • •

Les réactionnaires n'ont qu'un horizon : l'arrière. Et rien qu'une façon de marcher : face au passé et... fesses à l'avenir.

• • •

Il y a aussi la « rétrovolution » !

• • •

Si la gauche continue à accumuler les bêtises, bientôt l'avant-garde et le progressisme, ce sera la droite !

• • •

Une tête, c'est comme un tambour : plus c'est vide, plus ça fait du bruit.

• • •

On a les gouvernements et les femmes qu'on mérite. C'est pourquoi nous sommes un peuple de taxés et de cocus.

Anna MAGNANI

Un homme sur mille est un meneur d'hommes ; les 999 autres ne sont que des suiveurs de femmes.

Gabriel MATZNEFF

La gauche française, c'est *Caroline chérie* à perpétuité. Chaste et pourtant flétrie, toujours vierge quoique

quotidiennement violée, elle ne cesse de perdre son
pucelage et de garder ses illusions.

Viloric MELOR

De quelle nationalité étaient Adam et Ève ? Soviétiques. Parce qu'ils vivaient nus, n'avaient qu'une
pomme à se partager et qu'ils se croyaient au paradis.

Albert MEMMI

La patience et l'ironie sont les qualités du vrai révolutionnaire.

Jules MICHELET

Pour écrire l'Histoire, il faut désapprendre le respect.

John Stuart MILL

Le droit d'un individu de projeter son poing en avant
s'arrête là où commence le nez d'autrui.

MOLIÈRE

Franchement, il est bon à mettre au cabinet.

MONTESQUIEU

Ce qui manque aux orateurs en profondeur, ils vous
le donnent en longueur.

Thomas MORE

Je souhaite que quand votre tête aura fini de tourner,
votre visage sera dans la bonne direction.

André MOREAU

Je ne suis ni à gauche, ni à droite, ni au centre, mais
en haut et partout.

NAPOLÉON

En fait de système, il faut toujours se réserver le droit de rire le lendemain de ses idées de la veille.

• • •

Les rois et les maris trompés sont toujours les derniers à s'apercevoir de leur ridicule.

NIETZSCHE

Je voudrais des barrières pour empêcher les cochons d'entrer dans mes doctrines.

P. OLIVE

Les républiques renversent les trônes,... et après, elles ne savent plus sur quoi s'asseoir !

Jacques PARIZEAU

Le principal adversaire de Coca-Cola, ce n'est pas le Parti québécois, c'est Pepsi-Cola.

M. du PAUR

Si un peuple a les seuls gouvernements qu'il mérite, quand mériterons-nous de n'en avoir pas ?

Jean PELLERIN

Il n'y a pas de révolutionnaires au Québec ; il n'y a que des conformistes et quelques jeunes impatients qui, comme disent les cyniques, sont nationalistes en attendant leur premier « job ».

Pierre PERRET

Un intellectuel est un type qui est rassuré quand il n'a pas compris.

Ralph Barton PERRY

Le spécialiste est celui qui sait de plus en plus de choses sur un domaine de plus en plus restreint, jusqu'à tout savoir sur rien.

Ernest PICARD

Un pur trouve toujours un plus pur qui l'épure.

Christian PONCELET

Le programme commun n'existe pas ; je le sais, je l'ai lu.

Georges de PORTO-RICHE

Un diplomate qui s'amuse est moins dangereux qu'un diplomate qui travaille.

Pierre POUJADE

Les parlementaires sont tous des pourris et des charognards. Une bande de politicards qui sortent des poubelles où vivent les cloportes et dont nous ne voulons plus.

Jacques PRÉVERT

Qu'est-ce que ça peut faire que je lutte pour la mauvaise cause puisque je suis de bonne foi ? Et qu'est-ce que ça peut faire que je sois de mauvaise foi puisque c'est pour la bonne cause ?

Raymond QUENEAU

Faire tant d'histoires pour mourir à Sainte-Hélène, faut être con !

Mathurin RÉGUIER

Les fous sont aux échecs les plus proches des rois.

Jules RENARD

En France, le deuil des convictions se porte en rouge, et à la boutonnière.

Cardinal de RICHELIEU

Que l'on ne se moque point de l'empereur Antonin pour avoir fait son cheval consul et grand prêtre, puisqu'en France l'on fit les ânes conseillers d'État...

Antoine RIVARD

Nos ancêtres nous ont légué un héritage d'ignorance et de pauvreté que nous devons conserver et défendre jalousement.

Robert ROCCA

Tout le monde connaît le fameux poème de Rudyard Kipling qui s'intitule « Si ». Le spirituel chansonnier français Robert Rocca en a fait une parodie à résonnance politique que voici.

À la manière de Kipling

Si tu sais réprimer les élans de ton âme,
Si tu peux composer avec la vérité
Et dans ton jeune esprit éteindre toute flamme
Pour n'être jamais las, déçu ni dégoûté ;

Si tu n'éprouves plus d'intérêt pour grand-chose,
Si tu es, par bonheur, raté dans ton métier,
Professeur sans disciple, avocaillon sans cause,
Commerçant en faillite ou docteur meurtrier ;

Remplaçant le talent par quelques tours habiles,
Si tu peux te sentir à ton aise partout,
Paraître intelligent aux yeux des imbéciles,
Honnête et vertueux aux regards des filous ;

Si tu peux évoquer, sans visible faiblesse,
Et n'y croyant jamais l'idéal aux grands mots !
Si dès qu'on a fini de te botter les fesses,
Tu veux bien sur-le-champ embrasser ton bourreau ;

Si tu sais en parlant cacher ton ignorance
Et sur n'importe quoi faire de grands discours ;
Si tu peux, dans un beau mouvement d'éloquence,
Flétrir la trahison, puis trahir à ton tour.

S'il t'est possible encor sans trop chercher la place
D'avoir dès qu'il le faut une main sur le cœur ;
D'être un grand comédien virtuose en grimaces,
De mentir en donnant ta parole d'honneur ;

Si tu peux être lâche et feindre le courage,
Si tu n'as pas d'orgueil et beaucoup d'ambition ;
Si tu peux supporter qu'on te traite à tout âge
De jeune con, de con et plus tard de vieux con ;

Si les échecs dont tu es le seul responsable
Ne t'empêchent jamais d'avoir le verbe haut ;
Si tu peux, sans frémir, recevoir à la table,
Comme de vieux amis les plus tristes salauds ;

Alors ne crains plus rien, fais confiance au prophète,
Le plus bel avenir désormais t'est promis,
Les honneurs les plus grands couronneront ta tête,
Tu seras ministre, mon fils.

Henri ROCHEFORT

Que penser d'un pays où l'on ne peut rien faire sans consulter 38 millions d'imbéciles ?

Jules ROMAINS

Un peu d'embonpoint, un certain avachissement de la chair et de l'esprit, je ne sais quelle descente de la cervelle dans les fesses, ne messiéent pas à un haut fonctionnaire.

Jean ROSTAND

Sortant de certaines bouches, la vérité elle-même a mauvaise odeur.

• • •

L'homme, ce singe dénaturé.

Camil SAMSON

Le gouvernement socialiste-libéral est en train de briser nos familles, de désunir ce que Dieu a uni.

• • •

... des professeurs qui remplacent l'Évangile par la bible de Mao Tsê-Tung à la polyvalente de Rouyn, des enseignants qui remplacent les mathématiques par la sexologie, et du système d'éducation qui est en train de transformer nos cégeps en des bordels nationaux et des comptoirs de vente de drogues à rabais.

Aurélien SCHOLL

Voulez-vous faire une affaire superbe? Achetez les consciences pour ce qu'elles valent et vendez-les pour ce qu'elles s'estiment.

Arthur SCHOPENHAUER

L'État n'est pas la muselière dont le but est de rendre inoffensive cette bête carnassière, l'homme, et de faire en sorte qu'il ait l'aspect d'un herbivore.

SÉNÈQUE

La preuve du pire, c'est la foule.

George Bernard SHAW

La démocratie substitue l'élection du grand nombre des incompétents à la désignation par le petit nombre des corrompus.

• • •

J'aurais aimé vivre en France au temps de Napoléon, parce qu'en ce temps-là, il n'y avait qu'un seul Français qui se prenait pour Napoléon.

SODERQUIST

Ne faites jamais un discours de plus de mille mots. Et votre discours doit contenir — et répéter — certains mots clés comme : « notre pays », 26 fois, le « peuple », 81 fois, « la liberté », 17 fois, « les pauvres », 33 fois, « Je vous promets », 77 fois ; et appelez vos adversaires des « incompétents » autant de fois que vous le pouvez.

STENDHAL

Le courage consiste à savoir choisir le moindre mal, si affreux qu'il soit encore.

• • •

Une collection de baïonnettes ou de guillotines ne peut pas plus arrêter une opinion qu'une collection de louis ne peut arrêter la goutte.

• • •

Dans tous les partis, plus un homme a d'esprit, moins il est de son parti.

• • •

Le meilleur type de gouvernement ? La monarchie absolue tempérée par l'assassinat.

Adlaï STEVENSON

Si les Républicains cessent de dire des mensonges sur nous, nous cesserons de dire la vérité sur eux.

Charles Maurice de TALLEYRAND-PÉRIGORD

Un ministère qu'on soutient est un ministère qui tombe.

• • •

J'ai réussi car j'ai vendu tous ceux qui m'avaient acheté.

• • •

216

La politique, c'est comme un puits : quand il y a un seau qui monte, il y en a un autre qui descend.

Pierre-Henri TEITGEN

Homme public ne doit pas être le masculin de femme publique.

Gustave THIBON

Être dans le vent : une ambition de feuille morte...

Jean-Noël TREMBLAY

René Lévesque a du sang sur les mains.

Pierre Elliott TRUDEAU

(aux gars de Lapalme)
Qu'ils mangent de la marde !

Pierre-Jean VAILLARD

La politique, c'est comme la musique ou la prostitution : il faut commencer jeune.

Paul VALÉRY

Les Romains... trouvaient dans les entrailles de leurs poulets plus d'idées justes et conséquentes que toutes nos sciences politiques n'en contiennent.

• • •

La liberté est un de ces détestables mots qui ont plus de valeur que de sens, qui chantent plus qu'ils ne parlent, qui demandent plus qu'ils ne répondent, de ces mots qui ont fait tous les métiers.

• • •

L'avenir n'est plus ce qu'il était.

Boris VIAN

Le propre du militaire est le sale du civil.

Alfred de VIGNY

Qui saura peser ce qu'il entre du comédien dans tout homme public toujours en vue ?

VOLTAIRE

Les rois sont avec leurs ministres comme les cocus avec leurs femmes : ils ne savent jamais ce qui se passe.

Simone WEIL

Ce n'est pas la religion, c'est la révolution qui est l'opium du peuple.

Oscar WILDE

L'univers est un théâtre, mais la distribution de la pièce est mauvaise.

WOLINSKI

Il faut savoir ramper devant les fusils, car seuls les lâches s'en sortiront.

• • •

Le monde est devenu un vaste bordel où tous les pays selon les circonstances sont maquereaux, putains ou clients...

• • •

L'opinion publique, ça se mesure, ça se sonde, ça se manipule, ça se consulte, ça se laisse endormir, ça se réveille en sursaut, ça se laisse dépasser, ça vole bas, ça s'amuse, ça se dompte, ça se prend au sérieux, ça se bouscule, ça se fait, ça se défait, ça se téléguide, ça s'influence, ça se guide, ça se chatouille, ça se ligote, ça se laisse prendre, ça se laisse acheter, ça se prend en main, ça s'irrite, ça s'indigne, ça prend feu, ça n'est pas favorable à... Mais ça ne peut pas se tromper !

• • •

La démocratie, c'est comme les filles. C'est très joli, mais leur sort, c'est de se faire baiser un jour ou l'autre !

Henri WOTTON

Un ambassadeur est un homme honnête que l'on envoie mentir à l'étranger pour le bien de son pays.

SOURIRES
EN
VRAC

Quand il eut été guillotiné, Robespierre reçut cette seule épitaphe : « Passant, ne pleure pas son sort car s'il vivait, tu serais mort. »

• • •

En Angleterre, tout est permis, sauf ce qui est expressément interdit.
En URSS, tout est interdit, sauf ce qui est expressément permis.
En France, tout est permis, même ce qui est formellement interdit.
En Chine, tout est interdit, même ce qui est dûment autorisé.

• • •

Dans un salon, la maîtresse de maison présente un invité en ces termes :
— Voici M. Panouillot, un des hommes qui ont écrit le plus de bêtises dans leur existence.
— Vous êtes... romancier populaire ?
— Non, explique l'hôtesse, en éclatant de rire : il est sténographe à la Chambre des députés.

• • •

Le meilleur discours, assure un vieux routier, doit avoir un bon début et une bonne fin... aussi rapprochés l'un de l'autre que possible.

• • •

La politique, dit, avec un certain cynisme, un nouveau député, cela consiste à promettre aux électeurs ce qu'ils veulent. Heureusement pour nous, ils ne savent pas ce

220

qu'ils veulent. Alors, quand on est élu, il suffit pour les contenter, de leur laisser ce qu'ils avaient déjà.

• • •

— Je me demande, lance un député à un de ses adversaires, ce qu'un homme comme vous fait dans cette assemblée. Vous n'ouvrez jamais la bouche.
— Pardon, riposte l'autre. À chaque fois que vous faites un discours, je bâille.

• • •

Le conseil des ministres a siégé pendant trois heures. Que s'est-il passé ?
— Trois heures !

• • •

Un jeune dit un jour à un adulte :
— Nous, on se révolte, ne serait-ce que pour faire chier la société !
L'adulte répondit :
— Oui, fort bien. Mais comme c'est sur vous qu'elle chie, vous êtes aussi emmerdés qu'avant !

• • •

L'électeur contemple avec morosité la liste des candidats : « Heureusement qu'il n'y en a qu'un qui sera élu ! »

• • •

Avant de voter, souvenez-vous que lorsqu'un gouvernement est assez fort pour tout vous donner, il est également assez fort pour tout vous prendre.

• • •

Les petits politiciens sont comme les mouches à feu, ils ont la lumière dans le derrière.

• • •

Le pouvoir est un aphrodisiaque : dans tout César, il y a un Jules...

• • •

On reproche aux politiciens de donner leur parole et de ne pas la tenir. Comment voulez-vous qu'ils la tiennent puisqu'ils l'ont donnée ?

• • •

En politique, c'est comme à bicyclette ; si on veut rester en équilibre, il faut avancer.

• • •

On a dit d'un chef politique qui avait de nombreuses aventures galantes : « Ce sont des faiblesses qui sont le signe de la force ! Il y en a tellement à qui on reproche de ne pas avoir de couilles ! »

• • •

La justice et le bien de l'État ont souvent plus grand besoin de l'habileté d'un aventurier que de la conscience d'un imbécile.

• • •

César Borgia débuta dans la vie politique en tuant son frère pour l'amour de sa sœur qui était la maîtresse de leur père, le pape Alexandre VI.

• • •

Les sénateurs se divisent en deux groupes : ceux qui ne peuvent plus faire pipi et ceux qui le font tout le temps.

• • •

Un révolutionnaire doit bouillir de rage vingt-quatre heures sur vingt-quatre sans jamais le montrer.

• • •

Vous autres les jeunes, vous avez l'impression d'avoir inventé le monde, juste parce que vous portez des lunettes noires la nuit (du film *Un zoo la nuit*).

• • •

C'est vrai qu'on ne peut pas faire une omelette sans casser des œufs, mais il est aussi vrai qu'on peut casser des œufs sans faire d'omelette.

• • •

Nous vivons en « médiocratie » !

• • •

Les statistiques de la justice nous apprennent qu'un prisonnier coûte 6 000 $ par année à l'État, tandis qu'un député lui en coûte 18 000. Ils coûtent plus cher donc quand ils sont en dehors qu'en dedans. Foutons-les dedans !

• • •

Selon la formule classique, l'immobilisme est en marche et rien ne saurait l'arrêter !

• • •

J'avais les idées à gauche, il est normal que j'y mette aussi de l'argent.

• • •

Je siège, donc je suis !

• • •

Le patronage est la tentation permanente de tous les gens au pouvoir, selon le vieux principe : « Quand on est élu pour servir on est bien placé pour se servir. »

• • •

Pour réussir en politique, il faut prendre tous les moyens, même les bons !

• • •

Pas étonnant que nous soyons mal gouvernés : la moitié des hommes politiques sont bons à rien et l'autre moitié sont capables de tout.

• • •

Il est urgent d'attendre (axiome).

• • •

*Right is right
and
Left is wrong !*

• • •

La politique, c'est l'opinion des ignorants.

• • •

La politique, c'est une série d'inconséquences qui gouvernent des irresponsables plus ou moins aveugles qu'on appelle citoyens.

• • •

Celui qui s'assoit sur ses lauriers les porte au mauvais endroit.

• • •

Certains chefs politiques ont le complexe de la chaise berçante : ils bougent toujours mais n'avancent jamais. Ce sont de simples passants de l'Histoire.

• • •

Au Moyen-Âge il y avait la Chevalerie ; aujourd'hui il y a surtout la Vacherie... !

• • •

Commentant le discours d'un adversaire, un député eut le mot : « Je n'ai jamais entendu mentir avec tant de vérité. Il est tellement menteur qu'on ne peut même pas croire le contraire de ce qu'il dit ! »

• • •

La première chose à faire si l'on veut réaliser son rêve, c'est d'abord de sortir du lit.

• • •

Si vos erreurs ne vous instruisent pas, il ne sert à rien d'en commettre.

• • •

Si les faits sont contre nous, ce sont les faits qui ont tort.

• • •

La démocratie, c'est quand tout ce qui n'est pas défendu est permis ; la dictature, c'est quand tout ce qui n'est pas défendu est obligatoire.

• • •

Qu'est-ce que la liberté ? demandait-on un jour à un Américain. Il répondit avec humour : C'est une statue ?

• • •

Je veux bien mourir pour le peuple, mais ne me demandez pas de vivre avec !

• • •

La démocratie, c'est le système de gouvernement où les citoyens sont libres de choisir l'homme sur qui on fera tomber tous les torts.

• • •

Mets 10 philosophes d'un côté, et 11 imbéciles de l'autre, en démocratie, les imbéciles l'emportent !

• • •

Il y a aussi le mot terrible qui terminait un article de Paul Bouchard dans son journal *La Nation* où il reprochait à Duplessis d'avoir trahi les nationalistes qui l'avaient fait élire : « Saluons son austère célibat, cette race de traîtres ne se reproduira pas ! »

• • •

En politique comme en mathématiques les zéros sont précieux... à condition qu'ils soient en dernier et non pas à la tête.

• • •

Le premier devoir d'un homme politique, c'est d'être élu ; son second devoir, se faire réélire (axiome).

• • •

— J'ai le droit de vous interrompre, proclamait un adversaire de Clémenceau pendant que celui-ci était à la tribune à l'Assemblée nationale.
— Monsieur, lui répliqua le tigre, vous avez le droit de tout faire... excepté mon discours !

• • •

Les révolutions ont du bon : elles donnent du prix à ce qu'elles détruisent.

• • •

Le célèbre humoriste américain Mark Twain disait : « La vérité est la chose la plus précieuse que nous ayons. Économisons-la. »

• • •

Talleyrand disait de son collègue Barras, dont la corruption n'était égalée que par son élégance : « Il aurait donné du parfum au fumier ! »

• • •

On demandait un jour au vieux faune irlandais George Bernard Shaw : « Que pensez-vous de la civilisation ? » Il répondit : « Ça ne serait pas une mauvaise idée. »

• • •

Un bien joli mot de Gaston Monnerville, président du Sénat :
— La religion de la Liberté a, bien entendu, ses athées. Mais ils sont moins redoutables que ses Tartuffes !...

• • •

Le comte Ernst Münster définissait la constitution russe : « L'absolutisme tempéré par l'assassinat ! »

• • •

Edgar Faure dînait avec des gens. Forcément, à un moment donné, on a abordé la politique. Alors un convive dit :
— Moi, je n'ai pas d'opinions politiques.
— Prenez donc les miennes, suggéra l'aimable Edgar.
— Non, merci, fit l'autre, je ne veux pas vous en priver.

• • •

Maurice Duplessis justifiait son opposition irréductible à l'assurance-hospitalisation par une savoureuse boutade : « La seule vraie assurance contre la maladie, c'est la santé ! »

• • •

Le comte de Morny, pressentant qu'il allait se produire un bouleversement politique, eut cet aveu d'une candeur presque ingénue : « Je ne sais ce qui arrivera, mais s'il y a un coup de balai, je tâcherai de me mettre du côté du manche. »

• • •

Puisque le capitalisme est au bord de l'abîme, pourquoi nous efforcer de le rattraper ? (un dignitaire soviétique)

• • •

Sur le vote des femmes, Clémenceau eut ce mot charmant : « Nous avons déjà le suffrage universel ; pas question d'aggraver cette imbécillité. »

• • •

Winston Churchill s'était laissé aller à traiter un membre de la Chambre des communes de menteur. Celui-ci exigea des excuses publiques.
Churchill s'y plia de bonne grâce. Il monta à la tribune et déclara :
— J'ai dit, avant-hier, que l'honorable député James Smith était un menteur : c'est vrai, et je ne peux que le regretter.
Après quoi il tourna les talons, sous les applaudissements de l'assistance.

• • •

Jean Rigaux a rencontré un jour Michel Debré. Il en a profité pour lui recommander chaudement un garçon de ses amis.
— Il s'intéresse à la politique ? demanda le premier ministre.
— Énormément, dit Jean Rigaux, et il est doué. Par exemple, quand il se lève pour parler, il ne sait pas ce qu'il va dire ; quand il parle, il ne sait pas ce qu'il dit ; quand il a parlé, il oublie ce qu'il a dit.

• • •

On parlait de la coexistence pacifique entre l'Est et l'Ouest devant Winston Churchill, renommé pour son scepticisme.

— Les Occidentaux, partisans de cette politique, dit-il, me font songer à des Indiens qui jetaient chaque jour de gros quartiers de viande à un crocodile, en espérant qu'à la longue il deviendrait végétarien.

• • •

Le vicomte de Turenne, maréchal-général des armées du roi Louis XIV, ne voulait pas que ses officiers parlent. « J'ai un avis à vous donner. Toutes les fois que vous voudrez parler : taisez-vous ! »

• • •

En ce temps-là, Lomer Gouin était premier ministre du Québec et Armand Lavergne, député à l'Assemblée législative. Un jour, les députés de l'opposition l'ayant accusé de fausser la vérité des faits et de tromper le monde, Gouin, qui était laid de tête, se fâcha tout rouge — c'était d'ailleurs sa couleur politique — et proclama qu'il n'était pas un visage à deux faces.

— Ça, j'en suis sûr, s'écria, gouailleur, Armand Lavergne, car si vous en aviez deux, vous prendriez l'autre !

• • •

L'abbé Terray, ministre des Finances au temps de l'actrice Sophie Arnould, arborait un superbe manchon. Sophie eut sur lui ce mot charmant :

— Qu'a-t-il besoin d'un manchon ? Il a toujours les mains dans nos poches !

• • •

Sur son lit de mort, à son confesseur qui lui demandait de pardonner à ses ennemis, Guzman Blanco, dictateur du Venezuela, répondit : « Je ne peux pas : je les ai tous tués ! »

• • •

— Mort aux cons ! proclamait une affiche sur un mur de Paris.

228

— Vaste programme ! commenta simplement le général de Gaulle qui passait par là.

• • •

On vit naguère dans les rues d'Ottawa une affiche immense portant cette invitation : *Join the Canadian Women Army Corps !* En lettres non moins impressionnantes la traduction officielle donnait textuellement ceci : « Entrez dans le corps des femmes ! »

• • •

Il est bilingue en français comme en anglais, disait mon ami Pète-dans-le-trèfle.

• • •

Dieu, je vous soupçonne d'être un intellectuel de gauche.

• • •

C'est le sang du soldat qui fait la grandeur du général (proverbe italien).

• • •

Ce n'est pas la politique qui est sale ; ce sont les politiciens qui sont des salauds !

INDEX DES AUTEURS CITÉS

TABLE DES MATIÈRES

Achevé   Imprimerie
d'imprimer Gagné Ltée
au Canada Louiseville